经典全景二战丛书

"皇家方舟"号沉没记

田树珍 / 编著

民主与建设出版社
·北京·

© 民主与建设出版社，2020

图书在版编目（CIP）数据

"皇家方舟"号沉没记 / 田树珍编著 . -- 北京：民主与建设出版社，2019.7

（经典全景二战丛书）

ISBN 978-7-5139-2503-7

Ⅰ.①皇… Ⅱ.①田… Ⅲ.①第二次世界大战—海战—史料②航空母舰—史料—英国— 1941 Ⅳ.① E195.2 ② E925.671

中国版本图书馆 CIP 数据核字（2019）第 103066 号

"皇家方舟"号沉没记
"HUANGJIAFANGZHOU" HAO CHENMO JI

出 版 人	李声笑
编 著	田树珍
责任编辑	程　旭
封面设计	亿德隆文化
出版发行	民主与建设出版社有限责任公司
电 话	（010）59417747　59419778
社 址	北京市海淀区西三环中路 10 号望海楼 E 座 7 层
邮 编	100142
印 刷	三河市天润建兴印务有限公司
版 次	2020 年 5 月第 1 版
印 次	2022 年 6 月第 2 次印刷
开 本	710 毫米 ×1000 毫米　1/16
印 张	15
字 数	180 千字
书 号	ISBN 978-7-5139-2503-7
定 价	49.80 元

注：如有印、装质量问题，请与出版社联系。

前言

大海战 100 年

美国杰出的军事理论家马汉于1890—1905年提出了制海权理论，其核心是"谁能控制海洋，谁就能控制陆地，进而控制整个世界"。因此，掌握全面制海权不仅是海军的核心任务，更是国家的战略目标，人类近代海战史充分印证了马汉这一理论。

近百年来，以美国、英国、法国、德国、意大利、日本为首的军事强国都在优先发展海上力量。在第一、第二次世界大战及近代几次战争中，这些国家通过海上封锁、破坏对方海上运输线、海上决战等方式，在一定海域内获得了制海权，进而实现了控制相关陆地的战略目的。

这其中，留给我们印象最深刻的是两次世界大战，无论是作战规模、作战样式，还是战争的惨烈程度都是空前的。在这两场战争中，海战这一古老的战争类型，由于使用了新武器、新装备，发生了革命性的变化。当德国的"俾斯麦"号和"提尔皮茨"号、日本的"大和"号和"武藏"号、英国的"威尔士亲王"号等超级战列舰被奉为"海战之王"时，以美国为代表的航空母舰及其战斗群横空出世，在一场场血与火的搏杀中表现出色，为美国最终赢得太平洋战争立下汗马功劳，名正言顺地取代了战列舰成为新的"海上霸主"。同时，随着人类科学技术的不断进步，核潜艇的出现又彻底打破了固有的海战模式，其强大的战略、战术威慑力，使之成为令人生畏的深海杀手。

为了再现近百年的大海战全景，我们精心推出"经典百年海战大观"系列丛书。这套书详细地再现了近百年来海战中的经典战例、著名战舰以及一些鲜为人知的人物故事，共20册，每册讲述一个独立的海战故事，书中涉及日德兰之战、珍珠港之战、珊瑚海之战、中途岛之战、瓜达尔卡纳尔之战、莱特湾之战、马里亚纳群岛之战、围歼"俾斯麦"号战列舰之战等海战史上至今仍然被人们津津乐道的经典战役。

进入21世纪，中国人民解放军海军迅速发展壮大，有力地保卫了祖国海防，但中国海军依然任重道远。要保护我们国家的利益，需要建设强大的海军，需要我们比以往任何时候都更加关注海洋、了解海战的历史。

目 录

第一章
"皇家方舟"号成为丘吉尔的撒手锏

德国的野心 / 002

英德海上激战 / 018

"威悉河演习"计划 / 023

激战纳尔维克港 / 038

第二章
"皇家方舟"号与争夺地中海

德国的新目标 / 052

"进退维谷" / 064

巧妙化解危机 / 074

马耳他岛争夺战 / 086

第三章

"皇家方舟"号显神威

英国的主力舰 / 100

夜战马塔潘角 / 112

激战克里特岛 / 125

"莱茵演习"计划 / 136

第四章

"皇家方舟"号的辉煌——绝杀德国王者"俾斯麦"号

英军的追击行动 / 150

英军展杀技 / 159

海洋上的"狼群" / 171

水下的威胁 / 180

第五章

悲歌——"皇家方舟"号沉没

再战马耳他岛 / 194

狭路相逢勇者胜 / 206

U-81潜艇的威力 / 215

危机四伏的大洋 / 225

第一章
"皇家方舟"号成为丘吉尔的撒手锏

德国的野心

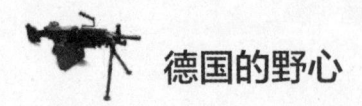

20世纪30年代，西方各大资本主义强国为争夺海上霸权，纷纷扩充海军。海上霸主英国为保持对其他国家海军的绝对优势，在不断建造大型战列舰的同时，决定专门设计建造航空母舰。由于英国是最早研制航空母舰的国家，积累了丰富的经验，所以，决定要设计出当时最先进的航空母舰。

由于《华盛顿海军条约》对航空母舰标准排水量的限制，使得英国在设计中顾虑重重。

首先，在限制排水量的条件下，为给航空母舰提供最大面积的飞行甲板，在舰艏和舰艉各装了外伸板，并各自向外向下弯，在后来的首次着舰试验时，飞行员也报告着舰非常平稳。

其次，由于军方要求必须搭载超过60架飞机，使设计师只能把原来的机库增加一层，机库上层长173.1米，宽18.3米，高4.9米，下层长137.8米，宽、高与上层相同，可容舰载机70多架。

另外，由于增加了机库和舰载机数量，为减轻重量，只能将装甲厚度变薄。原设计可防御美制454公斤航空炸弹和153毫米炮的装甲因此大打折扣，特别是削减了两舷的装甲，使航空母航的防御性能大大降低。

《华盛顿海军条约》会议会场

考虑到大西洋的海浪对航空母舰舰艏的破坏，因此将舰艏设计成封闭的。

经过军方的验收后，英国军方在1934年批准拨款建造一艘航空母舰，起初准备命名为"水星"号航空母舰，1935年9月16日开工，1937年4月13日下水。下水时，被正式命名为"皇家方舟"号航空母舰。

"皇家方舟"号航空母舰的设计非常成功，它是英国皇家海军在第二次世界大战之前建成的一艘最具现代航空母舰特征的舰只：全通式飞行甲板，右舷侧岛式上层建筑，飞机弹射装置和拦阻装置以及各种起降设备，高舰舷和封闭式艏部，从而成为英国皇家海军后续建造航空母舰的原型。

"皇家方舟"号航空母舰的问世，让英国人对自己对海洋的控制力更加有信心了。

英国首相亚瑟·张伯伦在慕尼黑同阿道夫·希特勒会谈回来后，向全国民众宣布："当今世界是和平的，即便欧洲产生动荡，但任何军队都不可能绕过我们的海军，突破英吉利海峡。"

1939年9月1日凌晨4点45分，纳粹德国向波兰发动了猛烈进攻，从此第二次世界大战的序幕拉开了。虽然英国、法国与波兰订有互助条约，但希特勒并不相信曾抛弃捷克斯洛伐克的英法两国

正在阅兵的阿道夫·希特勒

会对波兰履行保卫的义务。希特勒计划在英法两国还踌躇不定的时候，通过突然袭击，占领波兰。他想造成既成事实，但是没有估计到，这两个西方国家的领导人和人民改变了温和的态度。

英国在9月1日晚向德国发出最后通牒，9月3日上午9点，英国向德国发出最后警告，两小时后，张伯伦首相通过广播电台向全国宣布：英国政府对德国宣战。当天下午，法国也对德国宣战。

9月3日，在伦敦，一个具有战斗精神的人在隐退24年之后，重新出任海军部大臣。这个信息在整个舰队飞速传开："温斯顿·丘

接受希特勒检阅的德国装甲部队

吉尔回来了!"

丘吉尔是如何离开政坛的呢?这还得从头说起。

丘吉尔 1874 年出生于一个勋爵家庭。1899 年 9 月,丘吉尔以《晨邮报》记者的身份前往南非,采访英布战争。在随英军士兵行进途中被俘虏,丘吉尔虽然是随军记者,但是因其携带武器并参加了战斗,对方拒绝释放他。12 月,丘吉尔极为大胆地独自一人越狱成功,在当地一个英国侨民的帮助下逃到了洛伦索 - 马贵斯(今莫桑比克首都马普托)的英国领事馆。1900 年 3 月,又经历了几次战

年轻时的温斯顿·丘吉尔

斗的丘吉尔回到英国，因越狱事件而闻名全国的丘吉尔决定抓住机会，踏入政坛。1900年10月，代表英国保守党参选的丘吉尔顺利当选议员，从此开始了自己的政治生涯。

在议会中，丘吉尔虽然是保守党成员，他却抨击保守党政府的多项政策，批评政府在英布战争中的政策，并坚决反对政府的扩军计划。在成功阻挡政府的扩军提案在下议院通过后，丘吉尔又在贸易问题上走到了政府的对立面：他公开表示反对首相张伯伦的贸易壁垒政策，坚决维护自由贸易原则，这使得他与保守党彻底决裂。丘吉尔自称"独立的保守党人"，并于1905年1月被保守党取消了党员资格。1905年5月，丘吉尔坐到了反对党的议席中。

1906年自由党上台，丘吉尔担任殖民地事务部次官，在任内最重要的成就是推动南非取得自治地位。1908年，赫伯特·阿斯奎斯首相上台，丘吉尔被任命为商务大臣，正式进入内阁，任内推动了强制性工人失业和伤残保险，并阻挠海军增加财政预算。

1910年，丘吉尔出任内政大臣，虽然他在监狱改革等方面做出了贡献，但是由于当时面对工人游行罢工时采取的毫不手软的态度而遭到指责，他在任内曾经多次下令军警镇压罢工和游行活动。其中最著名的一次行动是发生在1911年1月的"塞德奈街杀戮事件"，当警方得知有一伙无政府主义者抢劫了一家珠宝店后，丘吉尔亲自到达现场指挥包围行动，调动了大炮、军队。一名摄影记者闻讯赶到现场，丘吉尔被拍到在"塞德奈街杀戮事件"现场的照片，这件事被大肆渲染。保守党领袖阿瑟·巴尔福嘲讽丘吉尔道:"丘吉尔和那名摄影师都将自己宝贵的生命置之度外。我知道这位摄影师正在做什么,但这位可敬的绅士又在做什么呢?"

1911年10月,丘吉尔被任命为海军大臣,一开始时他和他的下属发生了许多摩擦,他要求下属官员严格服从自己的命令,将不服从自己的官员革职。丘吉尔允许基层官兵发表批评自己长官的言论,虽然在基层中引来好评,却使得直接隶属于海军大臣的四名海务大臣感到不满。上任海军大臣后,丘吉尔改变过去一味要求裁减军费的作风,开始主张与德国进行海军军备竞赛,以确保英国在海军方面的优势不会受到挑战。

第一次世界大战爆发后,丘吉尔批准了海军攻占达达尼尔海峡的计划,但是最后海军无法攻占该海峡,并付出了巨大代价。英国在战争之初拥有的优势丧失,这也使得丘吉尔成为保守党猛烈攻击的对象。已经决定要与保守党人共组联合政府的阿斯奎斯首相免除了丘吉尔海军大臣的职务,派他出任内阁中地位最低的不管部大臣。被排挤在政治圈之外的丘吉尔决定辞职,赶赴法国前线亲自参加战争。

1916年5月,丘吉尔卸任皇家苏格兰毛瑟枪团第六营营长,并放弃了中校军衔,回到议会。9月,达达尼尔海峡战事调查委员会成立。次年该委员会发表调查报告,将事件的主要责任归咎于首相阿斯奎斯和陆军大臣,而丘吉尔在事件中的责任被认为不是那么重

英国首相赫伯特·阿斯奎斯

大,这份报告的发表为丘吉尔重新在政坛崛起提供了契机。

1917年7月,自由党党魁劳合·乔治宣布任命丘吉尔为军需大臣。乔治原本准备让丘吉尔担任更高的职务,但是因与自由党组建联合政府的保守党人的坚决反对而作罢。而即使是任命丘吉尔为军需大臣也引起了一场风波,舆论与保守党人士都表示强烈反对,但是在首相的坚持下丘吉尔照常上任。

丘吉尔在军需大臣任期内,推动了多项对战争产生深远影响的新发明,包括坦克、飞机和化学毒气。在丘吉尔的提议下,英国迅速扩大了坦克的生产规模。此外,他还极力推动飞机在战争中的应用，他本人甚至也学会了开飞机。

1918年11月，英国举行第一次世界大战后的首次大选，选后丘吉尔在内阁内兼任陆军大臣和空军大臣两项职务。丘吉尔开始对英国军队进行调整，并且主张积极干预俄国内战。他称英国应该让布尔什维克主义"胎死腹中"，丘吉尔也从此以坚定的反共立场而闻名。1921年，丘吉尔转任殖民地事务部大臣，同时继续兼任空军大臣，任期内他开始与爱尔兰新芬党谈判，最终允许爱尔兰成为英帝国内的一个自治领。

自由党在1922年的大选中惨败，而丘吉尔本人也在自己的选区中意外失利。多年的战争使得选民变得左倾，原本支持自由党的选民大批地倒向工党。在次年的选举中丘吉尔再度落败，而工党则获得胜利，组建了第一个工党政府。丘吉尔意识到自由党的势力已经开始衰败，很难再成为政坛上可以与保守党抗衡的政治势力，于是他逐渐疏远自由党，转而向保守党靠拢。在1924年3月的补选中，丘吉尔以"独立的反社会主义者"身份参选，提出自由党等其他所有反对党都应该向实力较强的保守党靠拢。最后选举结果丘吉尔还是以43票之差落败。著名的社会主义者、剧作家乔治·萧伯纳在竞选期间写了一封信给丘吉尔，讽刺他的对俄政策，称自己无法支持"花了英国人一亿英镑试图将俄国的时钟拨回封建时代"的人。

1924年夏天，刚刚成立九个月的工党政府倒台，丘吉尔代表保守党以高票当选，并被首相斯坦利·鲍德温任命为财政大臣，这是内阁中地位仅次于首相的职位，也是丘吉尔父亲曾经担任过的职务。

但丘吉尔本人对财政一窍不通，在任内推动了英国重新采用金本位制，这一决策给英国经济带来负面影响，英国的商品在国际市场上的价格上升了12%。1926年，英国职工总会因矿工薪资问题宣布举行全国大罢工，丘吉尔对罢工采取强硬立场，据称还建议用武力驱散罢工矿工。因印刷工人也加入到罢工行列中，报纸无法出版，丘吉尔下令由政府发行《英国公报》，宣传政府的政策。

1929年5月，英国再度举行大选，这次选举中丘吉尔本人虽然险胜，但是在全国，保守党和自由党惨败，拉姆齐·麦克唐纳的工党政府重新执政。这段后来被称为"在野岁月"的日子是丘吉尔政治生涯中的最低潮，他在议会中除了批评政府提出的印度自治方案外，大部分时间用于写作。包括《世界危机》以及《我的早年生活》，还有一本关于他的祖先马尔巴罗公爵一世的传记，都是这段时间完成的。此外，丘吉尔还访问美国，拜访美国各界人士和政治领袖。

当时的欧洲弥漫着和平主义的气氛，从政党领袖到平民百姓都鼓吹裁军，人们天真地以为，第一次世界大战后将再也不会有一场如此残酷的战争了。丘吉尔是议会中极少数反对裁军，并警告德国正在撕毁《凡尔赛条约》的人。丘吉尔警告，希特勒的法西斯独裁将给欧洲带来灾难，如果不立即阻止甚至可能导致文明的毁灭，他

英国工党籍首相拉姆齐·麦克唐纳（左）

督促英国应当重整军备，并鼓励盟友法国加强军事实力，而不是"裁减你的武器，增加你的义务"。但是多数人都将他的警告视为危言耸听。

1936年3月7日，阿道夫·希特勒在德国国会宣布，德国军队已经重新占领了莱茵非军事区。对这一明确违反《凡尔赛条约》的行为，英法两国都未表示强烈地反对，只有丘吉尔警告这么做不仅违反条约，而且对荷兰、比利时和法国都造成威胁。丘吉尔再次呼吁，英国应该向法国提供帮助，以维持欧洲大陆的权力平衡。

1938年春天，纳粹德国兼并奥地利，在希特勒的教唆下，位

第一章 "皇家方舟"号成为丘吉尔的撒手锏

英国首相张伯伦（左）在1938年慕尼黑会议上和希特勒会面

于捷克斯洛伐克境内的日耳曼人聚居区苏台德地区的纳粹头子提出自治。实行"绥靖政策"的张伯伦亲自访问慕尼黑，与希特勒商讨苏台德问题。会谈中希特勒明确提出要捷克斯洛伐克割让苏台德地区，张伯伦表示同意。在得到法国的首肯后，英德两国驻捷克斯洛伐克的公使拜会捷克斯洛伐克总统爱德华·贝奈斯，极力游说他接受希特勒的要求。得知消息后，丘吉尔向伦敦新闻界发表了一份声明："这无疑是西方民主国家向纳粹武力威胁的彻底投降……"但是情况到9月22日进一步恶化：希特勒提出了具体的时限，要求捷克斯洛伐克政府必须在9月28日14点之前作出决定，否则德国就将发起进攻，英国的内阁表示无法接受，战争一时间似乎近在眼前。

1938年9月28日，意大利首相贝尼托·墨索里尼出面，邀请英、法、德、意四国领袖到慕尼黑召开会议，一直幻想避免战争的张伯伦喜出望外，于次日赶到慕尼黑。丘吉尔认识到张伯伦有可能做出让步，因此，想提议由反对党人和保守党中持反对意见的人士发表一份联合声明，敦促张伯伦坚持立场，但是无人附议。9月30日，慕尼黑会议结束，英法两国接受了希特勒的要求，迫使捷克斯洛伐克撤军。威胁战争一旦爆发，英法将不会支援捷克斯洛伐克。张伯伦带着希特勒一份"保证不会有进一步领土要求"的声明回到伦敦，以胜利者的姿态接受欢呼："在我国历史上这是第二次把光荣的和平从德国带回唐宁街。"

摆出胜利手势的丘吉尔

在议会，只有丘吉尔等少数人还在抨击"绥靖政策"，他称"我们已经遭到一次完全、彻底的失败"。丘吉尔的发言引起一片抗议之声，丘吉尔在嘘声中结束了自己的演讲。由于反对"绥靖政策"的立场，丘吉尔还曾一度遭到自己选区的保守党党部弹劾，但他最终以3∶2的信任票保住自己的议席。

1939年3月13日，德国吞并了捷克斯洛伐克的剩余部分土地，斯洛伐克则在德国的支持下独立，宣告"绥靖政策"彻底失败。张伯伦在下院发表演讲时做出保证，如果波兰遭受侵略，英国将予以支持。5个月后，第二次世界大战正式爆发。丘吉尔后来将第二次世界大战称为"非必然的战争"，认为这次战争原本在开始时就可以轻易制止，但因英国人民的"不明智、麻痹大意和好心肠而让坏人重新武装"。

德国吞并捷克斯洛伐克后的混乱局面

★ "二战"初期德国陆军战斗力为什么那么强

1. 德国陆军具有悠久的军事传统。从17世纪开始普鲁士帝国就几乎没停止过战争，和其他国家相比，他们更注重战争经验的传承。例如：大量优秀的德国陆军军官出身于军人世家，很多宝贵的战争经验能一直传承下去，整个国家的陆军也始终处于最重要地位。

2. 后勤保障效率高。"二战"初期，德国后勤保障技术非常先进，其军需、补给效率极高，远远胜过同时期英国、法国、苏联，能胜过德国的只有美国。

3. 单兵战斗素质高。德国陆军战斗人员一般都要经过科学、系统地训练，无论是思想意志还是军事技能在当时都处于领先水平。

4. 良好的工业基础。这保证了德军中大量的技术兵器和尖端武器，直到"二战"后期，由于原材料匮乏才受到限制。

5. 名将云集。德国陆军虽然具有悠久的军事传统，但对新的军事思想、战术从不保守。例如：闪电战起源于其他国家，但被德国人发扬光大，运用得炉火纯青，登峰造极。良好的环境是传统，让德国诞生了像埃里希·曼施坦因、海因茨·古德里安、埃尔温·隆美尔等一代名将。

因此可以说，和战斗力有关的各种要素，德国陆军在战争初期都很齐备。其他国家的陆军，虽然在某个方面能与之相比，但整体上明显落后一截。

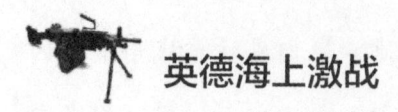

英德海上激战

1939年9月1日早晨，战争爆发后的数个小时，张伯伦召见丘吉尔，邀请他加入战时内阁。9月3日，丘吉尔被重新任命为海军大臣。

丘吉尔初任海军大臣，就要调动英国皇家海军运输军队支持波兰抵抗德国，"皇家方舟"号航空母舰整装待发。但德国人的速度实在太快，在几个星期内，波兰的战事就结束了，闪电战获得成功。不过西线的战事并没有结束：虽然英法的战争动员太迟了而没能帮助波兰，但是英法已制订出防止德国武装力量向西突袭的计划。

法国部队依仗马其诺防线，英国则主要利用它的海军力量。英国皇家海军的巡洋舰迅速覆盖了北海和波罗的海的出口，对德国进行封锁，与此同时，英国本土舰队在斯卡帕湾做好准备，以应付任何突发情况。

希特勒当时并不真的希望同英法交战，所以在占领波兰之后，他没有向西线发起任何进攻。这种克制策略后来被叫作"假战"。1939年到1940年的整个冬季，在齐格菲防线的德国军队和在马其诺防线的法国部队之间只有一些小规模的战斗。

相比之下，德国人最初在海上的进攻是相当猛烈的。

在英国宣布参战那天，英国"阿瑟尼亚"号邮轮被德国U-30潜艇击沉。但是德军潜艇部队司令卡尔·邓尼茨、海军司令埃里

德军潜艇部队司令卡尔·邓尼茨（右）与德国潜艇兵

经典 全景二战丛书 "皇家方舟"号沉没记

"德意志"号袖珍战列舰

希·雷德尔元帅和希特勒本人均否认这件事。

德国高层表示：一个潜艇艇长不会违背命令而去攻击邮轮。德国宣传部长约瑟夫·戈培尔指责"丘吉尔挑起整个事件，想把美国也卷入战争。"

"阿瑟尼亚"号邮轮的沉没，促使英国海军部及时采取护航措施。

1939年9月8日，英国皇家海军对驶向哈利法克斯的商船进行首次护航。护航300海里后，与一支驶向英国的护航船队会合，然后安全地到达英国港口。由于缺少适于护航的舰船，第二次世界大战早期英国都是采取这种护航方式。二战初期，德国水面舰艇的袭击活动频繁，迫使英国海军部为每一支护航舰队配备大型舰船——战列舰、巡洋舰或武装商船。

10月中旬，德国"德意志"号袖珍战列舰击沉盟军两艘商船后，在俘获美国货船时，犯了一个重大的外交错误。当这艘货船被押驶向德国途经挪威海域时，挪威政府扣留了船上的德国人，并把货船送还给它的主人。这件事暴露后，在美国引起了强烈的反德情绪。这也是第一件引起希特勒在军事上对挪威产生关注的事情。

首次交锋，德国海军元帅埃里希·雷德尔占了英国海军大臣丘吉尔不少便宜。不过双方均有撒手锏，但都没使出来：德国的U型潜艇、英国的"皇家方舟"号航空母舰。

★德国海军元帅埃里希·雷德尔

埃里希·雷德尔生于汉堡的万茨贝克区。1894年，雷德尔加入德意志帝国海军并迅速获得升迁。

1905年4月，雷德尔晋升为海军上尉。1906年4月调任驻柏林的海军情报处第一科科长。

1925年，雷德尔接任波罗的海海军军区司令，晋升为海军中将。1928年，雷德尔晋升海军管理局首脑（即海军总司令），获上将军衔。他积极从事扩建海军的工作，提倡着重建造巡洋舰与潜艇，并专心致力于这项工作。

德国海军司令埃里希·雷德尔

雷德尔同希特勒的关系很好，曾多次劝告希特勒，不要轻易介入国际纠纷，特别应当避免同英国发生战争。他曾断言："如果与英国开战，德国舰队除了英勇作战，并光荣地沉没之外，不可能有别的作为。"但雷德尔又说："德国海军利用潜艇来破坏大英帝国的海上联络，兴许能获得成功。"所以当战争爆发时，雷德尔为弥补作战力量的不足而极力主张扩大海上袭击，支持无限制的潜艇战。

德军最高统帅部给海军下达的对英国作战训令只是一句简短的

话,该话的内容是:"海军应与敌商船队,主要是英国商船队做斗争。"雷德尔接到这一命令,开始指挥德国海军,特别是潜艇部队对英国商船作战。1939年9月23日前,雷德尔战果辉煌,德国海军击沉的英国船只总吨位达到232 000吨。

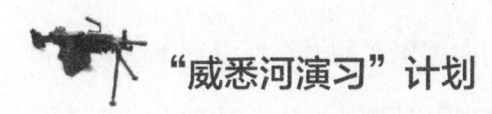

"威悉河演习"计划

在早期的袭击中,德国最具有毁灭性的"斯比伯爵"号袖珍战列舰从1939年9月30日到12月17日,击沉商船总吨位达5万吨。

为此,英国和法国共派出九个游猎编队,包括一艘法国战列舰和英国的若干艘巡洋舰和航空母舰,一心要击沉这艘德国袖珍战列舰。"斯比伯爵"号袖珍战列舰则一直机警地打着游击战,辗转到了南美洲西海岸。

沿着南美洲西海岸巡逻的是由英国海军准将亨利·哈伍德爵士率领的由"坎伯兰"号重巡洋舰和"埃克塞特"号重巡洋舰以及"阿贾克斯"号轻巡洋舰和"阿基里斯"号轻巡洋舰组成的编队。

12月13日,除"坎伯兰"号重巡洋舰在福克兰修船外,哈伍德的编队在普拉塔河口成功地截击了"斯比伯爵"号袖珍战列舰。哈伍德清楚地知道,这艘袖珍战列舰上数门279毫米口径火炮集中火力射击就能把他的巡洋舰击沉。为了分散这艘袖珍战列舰的火力，哈伍德命令"埃克塞特"号重巡洋舰转向西北方向进攻，他自己率领"阿贾克斯"号轻巡洋舰和"阿基里斯"号轻巡洋舰沿东北方向向德国军舰攻击。

德国军舰指挥官汉斯·兰斯多夫误认为自己要对付的只是一艘巡洋舰和两艘驱逐舰，于是立即命令缩小射程，以便能突破到开阔的海区，这样他就牺牲了远程火炮的优势。兰斯多夫的这一行动给哈伍德的编队带来了机会，他们向德国军舰开炮，发射153毫米和203毫米的火炮，好几次都击中德国军舰，迫使兰斯多夫向南美海岸撤退。

这时"斯比伯爵"号袖珍战列舰的炮火已经迫使英国的"埃克

德国"斯比伯爵"号袖珍战列舰

德军"斯比伯爵"号袖珍战列舰上舰员举行安葬战友仪式

塞特"号重巡洋舰失去战斗能力。哈伍德命令它到福克兰修理,而自己带着另两艘轻巡洋舰继续追击退却的敌舰。

兰斯多夫过高地估计了舰船的损坏程度,不敢再与英国海军交战,继续向西撤退。英国巡洋舰尾随其后,不时用主炮对德国军舰尾部的一侧进行齐射。刚过午夜,"斯比伯爵"号袖珍战列舰驶进乌拉圭蒙得维的亚港,"阿贾克斯"号轻巡洋舰和"阿基里斯"号轻巡洋舰就在乌拉圭海域编队巡逻。

德国驻乌拉圭领事展开的外交活动，没有得到让"斯比伯爵"号袖珍战列舰在蒙得维的亚港停留超过72小时的许诺。英国的宣传却比较成功，给人的印象是一支庞大的英国舰队已经到达。事实上只是"坎伯兰"号重巡洋舰加入了"阿基里斯"号轻巡洋舰和"阿贾克斯"号轻巡洋舰的编队。

兰斯多夫接到柏林的指示，实施突围或者自沉，他选择了后者。

12月17日下午，兰斯多夫下令把受伤的战俘和大部分舰员送上岸后驶出港口。英国巡洋舰进入攻击阵位，但是在实施攻击前，

英国"阿贾克斯"号轻巡洋舰

"斯比伯爵"号袖珍战列舰恰好到达三海里界限外的一个泊位。舰上的其他官兵登上了旁边的一艘德国货船。

几分钟后,"斯比伯爵"号袖珍战列舰爆炸,随后兰斯多夫开枪自杀了。在后来几个月里,德国人一直避免使用水面舰艇进行袭击。

英国人击败"斯比伯爵"号袖珍战列舰后兴高采烈,但是这种喜悦由于没能找到"阿尔特马克"号补给船的位置而消失了。据说这艘补给船上有英国水兵,德国"斯比伯爵"号袖珍战列舰在沉没前俘获了他们。

在普拉塔河口海战后三个月,英国"哥萨克"号驱逐舰菲利普·维安舰长所率领的驱逐舰编队,终于在挪威海岸的峡湾中发现了"阿尔特马克"号补给船。丘吉尔对挪威人关于该船已经检查了的保证不满,命令维安登上"阿尔特马克"号补给船救出被俘人员。"哥萨克"号驱逐舰靠上"阿尔特马克"号补给船并派人登上该船。

经过激烈搏斗后,德国人投降了,被关在储藏室里的299名英国水手被救了出来,挪威抗议英国损害其中立地位,但由于挪威明显没有对在其海域内的船只进行适当检查,因此,抗议的效果很有限。在相互的外交抗议之后,这件事也就平息了。

丘吉尔总算报了一箭之仇,此刻,他与雷德尔的交手还没完,两人的眼光都盯着挪威——挪威地处北欧,位于斯堪的纳维亚半岛的西北部,东邻瑞典,东北与芬兰和俄国接壤,西濒挪威海,海岸

解救被困德国油船英国战俘的"哥萨克"号驱逐舰

线长达 2.1 万公里，多天然良港，战略地位十分重要。

　　由于德国没有直接进入大西洋的出口，只有经北海绕过英国本土才能进入大西洋。但强大的英国海军一直是德国海军的一块心病。第一次世界大战期间，英国曾利用海军优势，从设得兰群岛到挪威海岸，横跨狭窄的北海，布置了一道严密的封锁网，使德国舰队困在本土港内无所作为。第二次世界大战爆发后，德国海军鉴于历史经验和地理事实，认为要对付占优势的英国海军，德国必须设法在挪威获得基地，这样才能突破英国在北海的封锁线，畅通无阻地进入大西洋。德国海军中将韦格纳形象地比喻道："北海的德国舰队原是没有马的骑士，现在应当让他骑在地理的马鞍子上。"

第一章 "皇家方舟"号成为丘吉尔的撒手锏

德国海军总司令雷德尔几次晋见希特勒，表示担心挪威可能向英国开放港口，这将给德国带来战略上的不利后果。他力劝希特勒先占领挪威，以此为对英国作战的海军基地，同时也可以确保瑞典的铁矿石来源（德国每年消耗的1500万吨铁矿石中，有1100万吨要从瑞典进口。在冬季，这些铁矿石要经铁路运到挪威港口纳尔维克，然后再航运到德国，整个航线恰好在挪威领海以内）。但在希特勒的战略中，首要目标是征服西欧，所以他还是宁愿保留挪威的中立地位，而不愿采取任何节外生枝的军事行动。

1939年年底，挪威纳粹党党魁、国防部长维德孔·吉斯林访问柏林，向希特勒报告说英国即将在挪威政府的默许下占领挪威。吉斯林请求希特勒提供经济和军事援助，以支持其发动一场政变，推翻挪威政府，事成之后，便邀请德国保护挪威，从而阻止英国的入侵。

希特勒担心英国人抢在他前面，招来雷德尔商量挪威战事。雷德尔建议有必要占领挪威：

第一，德国潜艇或水面舰艇从挪威的港口出发，可以绕过英国的封锁到达大西洋。

第二，从挪威海岸到对面的岛屿之间，是一条1000海里长的被人们称为"冰间水道"的隐蔽通道。德国海军能在空军的掩护下冲过斯卡格拉克海峡，然后沿着"冰间水道"进入大西洋。在夏天，重要的铁矿石可以从瑞典的律勒欧港运往德国，避免了英国皇

经典 全景二战丛书 "皇家方舟"号沉没记

德海军司令雷德尔视察

家海军的袭击；在冬天，波罗的海结冰，铁矿石可从陆地上运到挪威的纳尔维克港，然后再用船通过"冰间水道"运到德国。

雷德尔甚至已经命令海军参谋部制定入侵挪威和丹麦的计划，以保证毗邻海域的安全。

"阿尔特马克"号补给船事件使德国人怀疑挪威与英国有秘密协定，而且柏林也得到情报说英国人准备在"冰间水道"布设水雷。希特勒确信挪威人对于他的入侵会采取逆来顺受的态度，于是便下令入侵挪威和丹麦。

德国人计划从纳尔维克到奥斯陆一线并同时在哥本哈根登陆。鉴于英国皇家海军占有优势，因此必须采用突然袭击的方式。

丘吉尔一再主张必须在"冰间水道"海区布设水雷，而英法最高联合军事委员会最初反对采取这样的行动，争论了几个月以后，最后同意了海军部在纳尔维克海域以外布设水雷的计划。

布雷时间确定在4月6日晚上，如果这一计划能够顺利实施，将可以阻止德国人的行动。估计到时德国人会对布雷做出反应而入侵挪威，英国人又派了一支小规模远征队登船待命。

由于种种原因，导致布雷行动推迟了48小时，当有关德国人行动的情报到达伦敦之后，内阁决定让登船部队上岸，等局势明朗后再进一步采取行动。所以在德国人出发时，用于在挪威抵抗的部队还在英国。

而此刻，为防止英国海军进入波罗的海，保证瑞典的铁矿石从

德国军官们正在研究"威悉河演习"计划

海上运往德国,希特勒已经正式下令实施"威悉河演习"计划。

希特勒对德军将领们说:"据报告,英国准备在挪威登陆,我要赶在他们前面到达。英国占领挪威后,这将会成为英国战略上的一个转折点,他们会乘机进入波罗的海,而我们在那里既无军队,又无沿海防御工事……敌人会向柏林进军,打断我们两条战线上的脊梁。"

希特勒下达绝密指令:要求德国三军部队做好占领挪威的全面准备。同时占领丹麦,将其作为必要的跳板和运输线的保障。

第一章 "皇家方舟"号成为丘吉尔的撒手锏

正在进行"威悉河演习"训练的德军官兵

希特勒在指令中强调指出："……保证我们在瑞典的铁矿石基地，并为我们的海军和空军提供进攻英国更为广阔的出发线……以大胆行动和出奇制胜来弥补。""这次占领，是和平占领，目的就是要用武力保护北欧的中立，但是，任何反抗的行为，要用一切军事手段加以击溃。"

德军所谓的"威悉河演习"计划，是以海、陆、空三军联合作战的立体战术，实施突然袭击，从南到北在挪威的奥斯陆、克里斯蒂安、斯塔万格、博尔根、特隆赫姆、纳尔维克六个主要港

德军总指挥尼古拉斯·冯·福肯霍斯特

口登陆，第一阶段夺取港口和机场，第二阶段向内陆进攻，全部占领挪威，并准备在第二阶段对可能登陆的英法联军进行抗登陆和反击作战。

为迅速实现战役目的，德军统帅部调集了海军的全部力量，空军的6个航空兵师和2个空降兵师，陆军第二十一集团军的5个步兵师，由曾在北欧作过战的第二十一集团军司令尼古拉斯·冯·福肯霍斯特任战役总指挥。

鉴于英法海军力量几乎是德国海军的九倍，德军统帅部特别强调战役发起的突然性，指出："尽管敌人握有制海权，但如能充分发挥突然性，我军是可以进入挪威的，认清这次战役的重要性，将来水面兵力即使损失大半也在所不惜。"

为了做到突然袭击，德军统帅部要求：隐蔽展开兵力，采取伪装措施，散布假情报，造成准备在英国登陆的假象。除战役总指挥福肯霍斯特外，各级指挥员尽可能晚一些了解自己的任务，以防泄密。

然而，英法联军仍在从容不迫地讨论他们的计划，就好像德国根本不会相信他们的威胁和暗示，或者德国还蒙在鼓里根本不知道他们的意图一样。丹麦编有2个陆军师，预先未进行战争动员。挪威仅有6个缺编步兵师。他们企图依靠英法的支援来抗击德军入侵，直到战前几小时才实施动员。

4月6日夜里，由1艘袖珍战列舰、2艘重巡洋舰、7艘轻巡洋舰、14艘驱逐舰、28艘潜艇和若干辅助舰艇组成的德国登陆舰队，搭载着首波登陆的近9000名士兵，在夜幕掩护下悄悄起航，驶进了波罗的海。4月9日凌晨，德军地面部队越过丹麦日德兰半岛防线，伞兵在哥本哈根和各战略要地空降，登陆兵在各主要港口登陆。4月9日凌晨4点20分，德国驻哥本哈根使节向丹麦政府递交了最后通牒，要求丹麦立即接受"德国的保护"，限定1小时内答复。丹麦人几乎没有抵抗，海军一炮未发，陆军只被打伤20人，4小时后便接受了德国的最后通牒。

正在空降的德国伞兵

★英军大意失丹麦

丹麦是世界上最早的君主立宪制国家。位于欧洲大陆西北端，东靠波罗的海，西濒北海，北面隔斯卡格拉克海峡、卡特加特海峡和厄勒海峡，与挪威、瑞典相望，南部毗连德国。本土由日德兰半岛和406个大小岛屿组成，面积为43 080平方千米。此外还有自1953年起正式成为其省份的格陵兰（面积217.5万平方千米）和享有自治权的法罗群岛（面积为1399平方千米，由21个岛屿组成）。

第二次世界大战中德军大举入侵丹麦时，英国海军部接到侦察机发来的报告："发现强大的德国舰队正向北移动，穿越斯卡格拉克海峡，向挪威海岸进发。"然而英国海军部却不相信这支德国舰队是去挪威海岸，怀疑其目标可能是英国。

信心十足的英国主力舰队使用了"皇家方舟"号航空母舰，同时还调集了大批巡洋舰从斯帕卡湾基地起航，北上去拦截德国舰队，在北海海面展开战斗队形，搜索德国舰队，以求一战而全歼德国舰队。结果，庞大的英国舰队一无所获，未能在最有利的时机将警戒十分薄弱的德国登陆舰队消灭在航渡中。德军在毫发未损的情况下，完成了航渡，占领丹麦。

激战纳尔维克港

德国侵占丹麦的同时，驻奥斯陆的使节又向挪威政府递交了相同内容的最后通牒。而此时德国舰队已逼近挪威各主要港口，挪威政府却答复说："我们决不屈服！"

英国皇家海军为阻止德国军队的大规模侵入，早在4月初就派出"野狼"号布雷舰和"萤火虫"号驱逐舰等四艘舰艇执行挪威海区布雷任务。

1940年4月8日上午，海上风急浪高，几乎所有的水兵都晕船呕吐。按常规，这样的气候条件，一般会停止布雷，但眼下形势吃紧，德国舰队已经临近，布雷舰打破气象条件限制，冒险出征。

大约10点20分，担任护航任务的"萤火虫"号驱逐舰上一名水兵因颠簸，不慎跌入大海中。也许是穿着救生衣的缘故，落海水兵没有被大浪吞没，而是在海面上被抛上跌下。舰长鲁普海军上校马上命令减速、调头，组织营救。大约40分钟后，落海水兵被救了上来，但"萤火虫"号驱逐舰因此掉队了。

这一掉队不要紧，厄运就接踵而来。11点07分，"萤火虫"号驱逐舰发现了已进入视线的德国驱逐舰。双方立即相互炮击。这时，紧随在德国驱逐舰后侧的"希佩尔海军上将"号重巡洋舰前来增援德国驱逐舰，一发发炮弹飞向"萤火虫"号驱逐舰。

激战中，舰长鲁普在望远镜中发现德军舰队正从侧后包围过来。海面上，由于实力悬殊，鲁普自知难以脱身，不由得热血冲上脑门。德国巡洋舰虽然厉害，偏向你开刀。"左满舵，全速迎上！"鲁普舰长作出了超乎常规的决策。

德国人没想到这艘小小的英国驱逐舰如此难缠，命令所有炮火对其攻击。鲁普舰长利用烟幕作掩护，左冲右突，也把炮弹倾泻给"希佩尔海军上将"号重巡洋舰。

英国的"萤火虫"号驱逐舰

毕竟"萤火虫"号驱逐舰火力太弱了，27分钟后，舰身已遭德国军舰重创，大概是距离太近了，近得连德国人的面孔都看得清楚。鲁普舰长抱定必死决心，与其被德国人凌辱，不如拼个鱼死网破。"冲上去！"他下令驱逐舰全速撞击德军巡洋舰。

德军巡洋舰上的官兵没料到英国驱逐舰会来这一手，连忙紧急避让。但是晚了，小巧灵活的"萤火虫"号驱逐舰从侧面撞了上去。只听"轰"的一声，舰身一阵剧烈震动，"萤火虫"号驱逐舰上的船员几乎全部倒地。"希佩尔海军上将"号重巡洋舰被撞开一个裂口，海水直往舰舱里灌，德国军舰上一阵手忙脚乱。剧烈的撞击使得"萤火虫"号驱逐舰弹药舱起火爆炸，很快被汹涌的海浪吞没。

海上激战，未能阻挡希特勒登陆计划的实施。就在这天凌晨，德军在挪威沿岸的各主要港口实施登陆，同时出动800架作战飞机和250架运输机，从空中压向挪威。

在纳尔维克港口，当10艘德国驱逐舰迫近港湾时，港内两艘挪威古老的装甲舰，"艾兹沃尔德"号装甲舰和"诺格"号装甲舰向德国舰队发出信号，要他们说明身份。德军派人乘汽艇向挪威舰队招降，但挪威舰队表示坚决抵抗。德国舰队于是发起攻击，两艘挪威军舰先后被鱼雷击沉，300名挪威水兵全部阵亡。到上午8点，纳尔维克港被德军占领。

在特隆赫姆港口，守卫该港的挪威第5师师长遵从纳粹合作者

第一章 "皇家方舟"号成为丘吉尔的撒手锏

德国"希佩尔海军上将"号重巡洋舰的上层建筑

维德孔·吉斯林的号令，未作任何抵抗便交出了这个良港。

在挪威第二大港口博尔根，海岸炮台向逼近的德国舰队开炮，重创德国"葛尼斯堡"号轻巡洋舰和1艘辅助舰。但其他德国军舰上的士兵均登陆，在中午前占领了该港。

西南海岸的斯塔万格和附近的索拉机场也于中午落入了德军之手，德军由此获得了在挪威的前线空军基地，掌握了挪威南部和中部的制空权。

南部海岸的克里斯蒂安海岸炮台两次击退了由德国"卡尔斯卢厄"号轻巡洋舰率领的德国舰队的进攻。但这些炮台很快就被德国空军炸毁，港口于15点左右陷落。

德军在进攻挪威首都奥斯陆时遇到了意外困难。德国舰队在80千米长的奥斯陆峡湾入口的地方，遭到了挪威布雷舰的拦截，一艘德国鱼雷艇被击沉，"埃姆登"号轻巡洋舰被击伤。接着在奥斯陆以南约24公里的地方，又遭岸炮轰击和鱼雷攻击，德国舰队旗舰——崭新的"布吕歇尔"号重巡洋舰中弹起火，船身碎裂，终于沉没，损失1600名官兵，舰队司令奥斯卡·孔末茨落水后被俘。德国舰队遭此重创，被迫暂时撤退。

奥斯陆是被德国空降兵征服的，4月9日中午，约五个连的德国空降兵在奥斯陆附近的弗尔内埠机场着陆，在吉斯林的"第五纵队"配合下占领了奥斯陆。

德军舰队占领纳尔维克港和其他港口的消息传到英国，英国内阁大为震惊。他们认为必须马上采取行动,抑制德国人的进攻势头。英国海军部深知纳尔维克港的重要意义,立即作出了袭击纳尔维克港的部署,计划击沉或俘获一艘已进入纳尔维克港的德国驱逐舰,给德国人点颜色瞧瞧。

派谁去打这一仗呢?英国海军部挑来挑去,最后盯上了担负纳尔维克海域布雷护航任务的后纳德·沃伯顿·李海军上校指挥的英国皇家海军第二驱逐舰大队。

德军"埃姆登"号轻巡洋舰

沃伯顿·李以敢打硬仗而闻名于英国皇家海军，接到英国海军部命令后，刚刚完成第一雷区布雷护航任务的沃伯顿·李马上回电海军部："拟于10日凌晨杀进纳尔维克港。"

这是一场近似虎口拔牙的硬仗。

4月9日夜里，德军指挥官邦特准将在纳尔维克港大礼堂举行庆贺酒会，一支英国驱逐舰分队悄悄开进了纳尔维克海区。不巧，黄昏时天气急剧变坏，海面上浓雾弥漫，风雪交加，能见度不到400米。英国海军部电令舰队在附近港湾避风，等天气好转后再实施突袭。但沃伯顿·李上校没有耐心等待。他想，德军刚刚攻下港口，必然忙于港内和岸上清理，不会想到英国军舰会偷袭港湾。

决心既下，舰队顶着海上滔天巨浪，沃伯顿·李海军上校乘坐"勇敢"号驱逐舰一马当先，紧随在后面的是"猎人"号驱逐舰、"浩劫"号驱逐舰、"急性"号驱逐舰和"敌忾"号驱逐舰。恶劣的气候条件给舰队带来了麻烦，但呼啸的海风和漫天的浓雾也掩护了这支舰队的行踪。舰队驶入奥福特峡湾。德军也没有发现即将进港的不速之客。

"我们冲进去，先去搅他个乱七八糟！"沃伯顿上校安排"急性"号驱逐舰和"敌忾"号驱逐舰佯攻岸炮阵地，掩护另外3艘驱逐舰进港。英国舰队分两个行动小组出击。德国人的探照灯发现了"敌忾"号驱逐舰。"敌忾"号驱逐舰和"急性"号驱逐舰将计就计迎着灯光靠上去，随即一排炮弹飞向岸炮阵地，顿时，德军刚刚占领的阵地上火光冲天，喊声大作。

趁德军阵地乱成一锅粥之机，"勇敢"号等三艘驱逐舰悄悄摸进港区。令沃伯顿·李上校大吃一惊的是港内停泊着不是预知的一艘德军驱逐舰，而是五艘德军驱逐舰。

原来，在这次登陆作战中，德军指挥官邦特准将手下共有10艘驱逐舰，为预防突发事件，邦特准将下令将军舰分散驻守在三个地方，纳尔维克港范围广，邦特准将就安排了五艘驱逐舰。

事到如今，沃伯顿·李上校已是小卒过河，只能进不能退。他站在指挥舱，首先发现了德军旗舰"海德坎姆"号驱逐舰。所谓擒贼先擒王，沃伯顿·李上校马上下令发射鱼雷，旋即3条鱼雷直扑"海德坎姆"号驱逐舰。几乎是同时，舰炮也打出一排炮弹。紧接着，又有四枚鱼雷飞向停泊在港口的德军其他四艘驱逐舰。

炮弹的呼啸声，鱼雷的爆炸声，与暴风海涛的怒吼声，交织成令人感到恐怖的战场交响乐。开完庆贺酒会不久回到旗舰上的邦特准将奔到舰桥上观察敌情，刚巧"勇敢"号驱逐舰上打来的一发炮弹落在"海德坎姆"号驱逐舰的舰桥上，邦特准将当即毙命。已中鱼雷的"海德坎姆"号驱逐舰又连连被炮弹击中，海水涌进船舱，渐渐沉没。

见"勇敢"号驱逐舰首战告捷，"猎人"号驱逐舰和"浩劫"号驱逐舰也当仁不让。夜空中，炮弹拖着长长的火焰扑向德国军舰。鱼雷贴着海面奔腾，紧紧咬住对手。德国舰队官兵见邦特准将阵亡，群龙无首，顿时乱了阵脚，"吕德尔"号驱逐舰被炮火击中，在一阵巨大的爆炸声中沉没。"施密特"号驱逐舰被两枚鱼雷击中，为免遭沉没的厄运，拼死向岸边浅海抢滩，可惜晚了，海水进入船舱，淹没了主机，"施密特"号驱逐舰也沉没了。

午夜时分，撤出战斗的沃伯顿·李上校似乎余兴未尽，决定趁其不备，再闯虎穴一次。德国人这回又失策了，他们以为英国人见好就收，早已溜之大吉了。就没有马上组织第二波的有效防守，只是在清扫战场，营救伤员。英军驱逐舰队的"回马枪"把德国人打惨了。又有两艘停泊在港内的德国商船被击沉。因此，大批尚未来得及卸下的作战物资沉入海底。

英国舰队再度撤出内港。如果沃伯顿上校立马撤退，德国人只能干生气。夜色苍茫，德国舰队绝不敢到外海追击英国舰队。然而，沃伯顿·李上校作出了一个错误的决策：第三次杀进内港。

这一回，沃伯顿·李上校打错了算盘。如果说他刚才杀回马枪还称得上高明的话。那他第三次再杀进内港却有点愚蠢了。因为这毕竟是在德军占领的海区作战，对德军的具体兵力部署并不了解。而且明知退路一旦被切断，就很难杀出重围。当时，沃伯顿·李的一位部属对此持异议。他却固执得像头牛，一意孤行。胜利冲昏了头脑，加上邀功心切，酿成了他自身的灭顶之灾。

五艘英国驱逐舰第三次冲进港区，只见港区一片火海，"勇敢"

第一章 "皇家方舟"号成为丘吉尔的撒手锏

英国"厌战"号战列舰

号驱逐舰再次向剩余的德军商船发射鱼雷，又有几艘商船被击沉。

"撤！"沃伯顿·李上校心满意足地下令返航。可他突然发现，退路已被切断。三艘德国驱逐舰从北面直逼过来。沃伯顿·李上校没有慌张。他一边指挥军舰拉开距离，一边部署打击敌舰。在双方相距19 000米时，"勇敢"号驱逐舰首先向对方开炮，随即调头钻进东南方的另一峡湾，想杀开一条血路突围，准备从巴兰根峡湾撤出。

没料到德军早有预谋，还没等英国舰队全部进入峡湾，两艘藏在暗处的德军驱逐舰冲出来，一发发炮弹飞向"勇敢"号驱逐舰。"勇敢"号驱逐舰舰桥和舰艏被德国"乔治"号驱逐舰炮弹炸毁，在舰桥上观察敌情的沃伯顿·李上校当场阵亡。

又是一阵密集的炮火，负伤的"勇敢"号驱逐舰扛不住敌舰连续的炮击，终于沉没了。占着攻击位置优势的德国"乔治"号驱逐舰转过身来，又向"猎人"号驱逐舰连发四枚鱼雷。"猎人"号驱逐舰爆炸起火，打着转儿陷入巨大的漩涡中。另外三艘英国军舰一边将鱼雷悉数发射出去，一边夺路冲出重围。

第一次纳尔维克海战，尽管互有伤亡，但毕竟还是英国人占了便宜。仅仅相隔72小时后，4月13日，英国增援舰队"厌战"号战列舰和九艘驱逐舰赶到纳尔维克海区，第二次争夺战即将开始。

★ "厌战"号战列舰

也有译作"战仇"号战列舰、"厌倦"号战列舰,属于英国皇家海军建造的伊丽莎白女王级战列舰。主要装备8门381毫米口径主炮、12门153毫米口径副炮等。"厌战"号战列舰于1912年10月31日开工,1915年3月完工。服役期间进行了两次较大的现代化改装。经历过第一次、第二次世界大战。尤其在第二次世界大战中,"厌战"号多次受到创伤而最终安然无恙,成为第二次世界大战中英国皇家海军的传奇战舰。

外形尺寸:全长196米,型宽27.4米(现代化改装之后31.7米),吃水9.2米。

排水量:标准排水量29 150吨(1937年现代化改装之后32 500吨),满载排水量33 000吨(1937年现代化改装之后35 500吨)。

动力装置:24台3缸锅炉(改装后为6台锅炉),4台涡轮蒸汽机。

螺旋桨轴:4。

主机输出功率:75 000轴马力(改装后80 000轴马力)。

最大航速:25节(随服役年限的增长有所下降)。

第二章
"皇家方舟"号与争夺地中海

德国的新目标

在强大的炮火支援下，英国皇家海军发起第二次纳尔维克海战，先后击沉了八艘德国驱逐舰。

麦克西少将率领的英国陆军在海军上将洛德·科克指挥的海军舰船的支援下，在邻近哈尔斯塔对岸的欣岛登陆，他们的任务是在纳尔维克港建立早期进攻基地。

但是，即使这支远征军增加到了两万人，麦克西少将还犹豫不

停在"皇家方舟"号航空母舰甲板上的舰载机

德军"沙恩霍斯特"号战列巡洋舰

前。最后，少将的一再拖延激怒了英国内阁，英国内阁重新任命科克爵士为总指挥。

在"皇家方舟"号航空母舰舰载机的支援下，这支远征军在1940年5月8日攻占了纳尔维克港。

然而这个时候，德国人已经侵入荷兰和法国。德军在西线发起大规模攻势，6月初法国已危在旦夕，英法自顾不暇，盟国即将全线溃败。因此盟军接到破坏设施准备撤退的命令，并要求在6月8日前完成撤退。

盟军无奈，只得先后撤出战场，因此纳尔维克海战在虎头蛇尾中结束了。

当盟军从挪威全线撤退，这对于德国人来说无疑是一大胜利，也给了德国海军元帅雷德尔一个取得海上全胜的机会。

雷德尔命令"格奈森诺"号战列巡洋舰和"沙恩霍斯特"号战列巡洋舰驶至纳尔维克港以西的大西洋公海，追击英国舰队。

不知是雷德尔运气好还是英国皇家海军运气差，英国"光荣"号航空母舰被盯上，当时英国航空母舰只有两艘驱逐舰护航，这对德军来说真是一个千载难逢的进攻机会。天气晴好，能见度很好，且"光荣"号航空母舰航速极慢，舰上载着48架舰载机以及英国皇家空军的几架战斗机。

德国军舰把舰艏的大炮高高升起，瞄准后开始发炮，炮弹落点非常准确。"光荣"号航空母舰还没来得及让一架飞机起飞，德国军舰发来的炮弹已炸掉炮塔。炮弹威力非常巨大，把"光荣"号航空母舰的钢铁装甲整块撕开，德国人称之如"掀开盖子一般"。

在德国军舰的猛烈火炮攻击下（"沙恩霍斯特"号战列舰共发射了212枚炮弹），"光荣"号航空母舰及其驱逐舰很快就沉没了。德国军舰也在战事中受伤，英国驱逐舰发射的鱼雷击中"沙恩霍斯特"号战列巡洋舰舰尾。几天后，在附近巡游的一艘英国潜艇发射鱼雷，击穿了"格奈森诺"号战列巡洋舰的舰艏。因此，两艘德国军舰在随后的数周内不得不返回干船坞修理。在德国人心中，"纳尔维克争夺战"是英雄式的惨败，他们还颁发了特殊勋章来纪念此事。

由于德军掌握了挪威南部和中部的制空权，英军统帅部决定在挪威海南部水域只使用潜艇和飞机作战。盟军从挪威撤出了自己的全部军队，挪威国王和政府也流亡伦敦，德军占领挪威全境。在德军的保护下，吉斯林组成了傀儡政府。

在占领挪威一战中，德军取得了较大的战绩，尽管海军有损失，但雷德尔和希特勒都认为值得。挪威战役首次使用了陆、海、空立体作战战术，在人类战争史上写下新篇章。此役德军共伤亡5700人，损失驱逐舰10艘、重巡洋舰1艘、轻巡洋舰2艘、潜艇4艘；英法和挪威军队共伤亡5000余人。英国损失航空母舰1艘、巡洋舰1艘、驱逐舰7艘，法国损失驱逐舰1艘。

德军与挪威军队在奥福特峡湾激战

通过此役，第三帝国不仅拥有了至关重要的铁矿石运输线，巩固了德国北侧的防守，还获得了众多的重要战略据点，德国可利用这些基地对英国海军发动一连串攻击。

德军之所以顺利结束侵占挪威和丹麦的战役，其主要原因是：英法联军缺乏统一指挥，致使两军不能协同作战，英法联军蔑视挪威军队，两支军队互不信任，各行其是。

挪威的沦陷，使得德国在欧洲北部夺取了重要的战略基地。德军进至瑞典边界，使中立的瑞典内外政策发生急剧变化。该国统治

英国首相亚瑟·尼维尔·张伯伦

马其诺防线里的法国士兵

集团在对外政策方面开始转向德国，允许德国经该国领土向纳尔维克地区和芬兰北部运送军队和物资。

西方大国试图抗击德军侵占挪威的一切努力均告失败，英国在战争中一向采用的依靠本土海军和别国陆军打仗的传统战略未获成功。

德军入侵挪威与芬兰的时候，在西线对荷兰、比利时、法国也展开了猛烈攻击，第二次世界大战全面打响。张伯伦的保守政府经不起这样的挑战，5月10日，就在希特勒进攻荷兰那天，张伯伦辞职了，由丘吉尔接任英国首相。丘吉尔对着鸦雀无声的下议院说：

"除了鲜血、艰辛、眼泪和汗水,我什么也贡献不了。"

德国人在西线有 A、B 两大集团军,首先由 B 集团军群沿着从荷兰到比利时的方向进攻,它的右翼以北海为屏障。驻守在法国和比利时交界马其诺防线末端的英法部队,集结到东北方向阻击向安特卫普-色当一线进犯的德国人,这一切正如德国人所预料。

A 集团军群的 7 个装甲师穿过阿登森林,渡过默兹河,突破驻守盟军的薄弱结合部,然后与后续增援部队一起,围住了比利时境内的英法部队,并将其逼向英吉利海峡。

一个星期内,盟军处境危急,两周后已危在旦夕。只有从海上援救盟军才能使其免遭被俘和全部被歼灭的命运。

西线开战之后两个星期,盟军全部撤到敦刻尔克地区。

盟军从敦刻尔克的撤退是临时组织的,但进行得非常出色。英国船主自发地帮助海军,自身和船只都投入了撤退工作。但是从 5 月 26 日开始,真正担负运送撤退部队任务的是英国皇家海军。

丘吉尔和海军部希望能撤回 4.5 万人,但是由于后卫部队拖住德国陆军的时间比预期的要长,加之英法空军联合挡住了德国空军,与此同时,各种舰船:驱逐舰、海峡渡船、单桅帆船、游艇、汽艇穿梭似的往来于敦刻尔克海滩和英国港口之间,在九天的时间里共撤退 33.8 万多名英、法、荷兰和比利时军人,但是他们不得不扔掉重武器。

德国人几乎没有停留就重新集结,于 6 月 5 日向南挺进法国。

败退的英法联军拥挤在敦刻尔克海滩

在行进过程中没有受到阻击。法国保罗·雷诺总理请求丘吉尔派更多的部队在法国登陆，并请英国皇家空军竭尽全力挡住德国人。

丘吉尔尽其所能，但是他坚决保留了25个英国皇家空军战斗机中队。他的空军元帅曾告诉他，一旦法国战败，这些空军部队是防卫英国所必需的最少部队。

不久，战局明朗了，法国的失败已无可挽回。

法国雷诺总理命令马克西姆·魏刚将军在战场上投降。这样，法国可以在本土结束战争，但在其他殖民地和海上可以继续作战。魏刚拒绝投降，认为这牵涉到军人的荣誉。作为最后的也是唯一的办法，丘吉尔提议英法两国建立联合政府，两国公民享受共同国籍和共同的政府。法国部长会议拒绝接受这一建议。

6月16日，法国政府内的战败论者迫使雷诺辞职，由菲利普·贝当元帅接替他的职务。贝当立即要求停战。在随后与德国人谈判期间，英国向法国施加压力，要求它的军舰摆脱德国人的控制，最好开往英国港口。但是，除了两艘快要竣工的战列舰以外，其他的军舰均原地未动。

更糟的是，墨索里尼为了同德国分享胜利，也向法国宣战。对此，美国罗斯福总统十分愤怒，他说："一只手拿着匕首将刺向邻居的后背。"

6月22日，在贡比涅森林，就在那个1918年获胜的法国人向德国人宣读停战协定的火车车厢里，纳粹德国军人得意地向战败的

意大利首相贝尼托·墨索里尼

法国人宣读了他们的条件。法国被分割为两部分：一部分为沦陷区，其中包括大西洋沿岸和包括巴黎在内的所有北部地区；另一部分是受贝当领导的非沦陷区，它的政府设在维希。实际上，维希政府将受亲纳粹的皮埃尔·赖伐尔的控制。

根据法国同意的停战条款，法国军舰在指定港口内集结，在德国和意大利的控制下清点缴械后解散。法国海军司令弗朗索瓦·达尔朗曾私下向英国保证，他的军舰不会留给德国或意大利人。但是考虑到达尔朗对极权主义的同情和贝当政府的软弱，英国只能对达尔朗的诺言持冷漠态度。

法国沦陷使英国面临一个新的战略局面。他们现在只能单独作战，而且能得到的援助也有限，这些援助主要来源于英联邦国家——加拿大、澳大利亚和新西兰。所有这些国家的人口和工业产值都是有限的。而他们的敌人——轴心国已经控制了大西洋沿线，这是一条不可能封锁的绵长海岸线。

而以前由英法联合控制的地中海，现在也面临着意大利的挑衅，它有一支不可忽视的海空军力量。

★英意争夺地中海

地中海，仰卧在欧、亚、非三大洲之间，它东西长约4000千米，南北宽约1800千米，面积约250万平方千米，是地球上最大的陆间海。这里曾是人类文明的发祥地之一，素有"西方文明的摇篮"之称。然而，在漫长的历史岁月中，多少次战争使这文明故土不得安宁。第一次世界大战结束时，意大利属战胜国之列，却分赃甚少，加之在战争中财力、物力的大量消耗，国内经济几乎到了山穷水尽的地步。在这种形势下，墨索里尼见有机可乘，便煽动民族主义情绪，叫嚷要重建"大罗马帝国"。1919年，墨索里尼创建法西斯政党，组织半军事性团体，觊觎国家最高权力。1922年10月27日，墨索里尼导演了向罗马进军的丑剧。第二天其党徒便开进了罗马城。墨索里尼夺权成功。这个当年出身贫寒，一度穷困潦倒，做梦都想出人头地的小丑终于爬上了国家元首的宝座。

等希特勒在欧洲大陆发动了侵略战争，墨索里尼也按捺不住，断定盟国必输无疑，生怕当了配角，无权享受战利品。于是，墨索里尼通知希特勒，意大利正式参战，他狂妄地叫嚷："要让意大利空军和海军的马达声压倒一切声音，要把地中海变成'意大利的内湖'。"

在20世纪30年代，意大利海军也算是比较强大，但比起美国、英国和日本还是要略逊一筹。地中海海战开始时，意大利海军拥有六艘战列舰。这六艘战列舰当中只有两艘完成了现代化改装，即"加富尔"号战列舰和"朱利·恺撒"号战列舰。此外，"利托里奥"号战列舰、"维托里奥·维内托"号战列舰、"罗马"号战列舰和"帝国"号战列舰都在船厂内改造。

意大利海军还拥有重巡洋舰7艘、轻巡洋舰12艘、驱逐舰61

艘、护卫舰69艘、潜艇105艘以及鱼雷艇、布雷艇等。其实力与英国海军地中海舰队不相上下，但战斗力要比英国海军差一些。主要因为意大利海军的舰艇陈旧，人员素质较差，同时又没有海军航空兵进行空中保护。

意大利在地中海海战中的主要作战对手是英国。早在1911年，只有37岁的丘吉尔就出任英国海军大臣。他经常乘坐海军部的快艇视察海军部队和海军基地，后来在1915年的第一次世界大战中，他贸然派舰艇到达达尼尔海峡作战，结果一败涂地。他也被逐出海军部，这次海战失败的苦果，丘吉尔足足尝了20年。

第二次世界大战爆发后，英国海军不仅要在大西洋对付纳粹德国海军，而且在地中海也面临意大利海军的威胁。丘吉尔深知地中海战略地位的重要：这里是英国通往东方的生命线，也是与德意法

意大利"加富尔"号战列舰

西斯争夺北非和巴尔干半岛的战略海区,确保地中海交通线的畅通对英国海军来说,是仅次于保卫英伦三岛的战略任务。因此丘吉尔说:"控制地中海是英国舰队的崇高职责。"

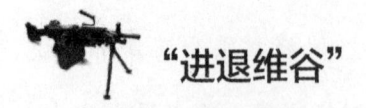

"进退维谷"

丘吉尔发觉墨索里尼即将发动战争,提出要对意大利进行海上力量展示。因此,英国海军部决定将舰艇悄悄调回地中海,充实和加强地中海舰队的实力。

另外,英国政府要求来往于印度或东方其他地方的盟国商船必须绕道好望角航行,以防意大利海军的突袭。

意大利宣布与英法开战后,地中海曾爆发了小规模冲突,当时英国海军地中海舰队拥有3艘战列舰、1艘航空母舰、7艘巡洋舰、4艘护卫舰、10艘潜艇和4艘扫雷艇。在开战之初,驻地中海的两支法国分舰队与英国海军联合作战,制定了联合作战的方案:由英国地中海舰队负责东地中海的防务,法国分舰队负责西地中海的防务。

然而,法国政府在德国侵略军的闪击战面前完全丧失了抵抗信心,于1940年6月同德国签订了停战协定,向希特勒投降。从此,英法舰队分道扬镳,他们在地中海并肩战斗15天的友谊就此结束。

对法国来说，地中海是通往东非和北非殖民地、附属国的海上大动脉。因此，法国海军在地中海驻有重兵。法国的两个分舰队分别部署在奥兰附近的米尔斯克比尔和地中海东部的亚历山大港。

驻泊在米尔斯克比尔的分舰队是法国海军驻海外的精锐部队，拥有4艘战列舰、6艘驱逐舰和1艘水上飞机供应舰，马塞尔·让·苏尔海军上将担任指挥官。

驻泊在亚历山大港的分舰队由勒内·戈德弗鲁瓦海军上将指挥，拥有战列舰1艘、重巡洋舰3艘、轻巡洋舰1艘、驱逐舰3艘和潜艇6艘。

法国投降后，英国最担心的是法国海军的归属问题。强大的

法国马塞尔·让·苏尔海军上将

法国海军何去何从，这对英国来说至关重要。如果法国海军倒向德意，地中海战区的力量对比将对英国极为不利，甚至会危及英伦三岛的安全。

在法国投降前夕，丘吉尔接任首相后一个月即飞往法国奥尔良附近的一个小镇，单独会晤了法国海军部长上将吉恩·达兰。尽管达兰与英国有世仇，他的先辈在特拉法尔加海战中死于英国舰队之手，但丘吉尔还是向达兰提出不能使法国海军舰队落入德意之手的要求。丘吉尔的此行得到了满意的答复，不过他还是心怀疑虑地返回了伦敦。

丘吉尔认为，法国海军不脱离维希傀儡政府，难以保证其中立立场。丘吉尔的意见在战时内阁会议上占了上风。于是，英国向驻地中海的法国两个分舰队发出最后通牒，要求法国海军同意英国提出的条件。

在这种形势下，英国海军部决定向地中海增派舰艇，调整部署。英国海军的四艘战列舰和"鹰"号航空母舰驶抵地中海。地中海舰队司令、海军上将安德鲁·坎宁安爵士把他的军旗从马耳他岛移到"厌战"号战列舰上。坎宁安的基地也从马耳他转移到亚历山大港，与根据英埃盟约驻守在那里的英国陆军和英国皇家空军分遣队会合。该舰队仍担任东地中海防御，保护海上交通线，支援马耳他岛和在北非的作战，破坏意大利到北非的海上交通线，填补因法国投降给西地中海防务造成的空白。

不久，海军部又在直布罗陀海峡部署了被称为"H舰队"的海军兵力，它由"勇敢"号战列舰和"决心"号战列舰、"胡德"号战列巡洋舰、"皇家方舟"号航空母舰、两艘巡洋舰和11艘驱逐舰组成。H舰队是由海军中将詹姆斯·萨默维尔爵士指挥，这支部队将根据需要在大西洋或地中海活动。主要任务是保证经直布罗陀海峡东行的盟国舰船的安全，支援马耳他岛作战，负责封锁直布罗陀海峡，并作为一支突击力量，随时准备投入地中海和大西洋作战。

英国首相丘吉尔担心法国舰队会被希特勒所用，决心启动"弩炮计划"，他对坎宁安和萨默维尔下令：

英国海军司令詹姆斯·萨默维尔

英国政府对法国政府与德国政府洽商停战,只有在这样的条件下才能同意,即"在缔结停战协定之前,法国舰队需开往英国港口,以免落入敌人之手。在陆上投降之前,法国舰队应加入英国海军行列,否则就自行凿沉。"

虽然法国现政府可以认为他们和德国与意大利的停战条件和这些承诺是一致的,但英国政府根据以往的经验,相信德国和意大利会在适当的时候夺取法国舰队,并用来对付英国和它的盟国。

为了"接收"中立的法国舰队,英国海军部队分头行事。

1940年7月,英国海军陆战队登上了所有停泊在普利茅斯和朴次茅斯的法国军舰,并让法国舰员全部上岸。一小部分法国水兵自愿加入由夏尔·戴高乐将军领导的自由法国力量。戴高乐任命自己为流亡的自由法国政府的领导人。大部分人拒绝参加,被拘留在英国。

同一天,海军中将萨默维尔率领的H舰队来到奥兰。奥兰附近的米尔斯克比尔港有马塞尔·布鲁诺·让苏尔上将指挥的法国港口以外的最大法国海军舰队。

萨默维尔海军中将奉英国海军部之命前来,北大西洋舰队司令达德利·诺思海军上将反对诉诸武力。他说,不久前他曾同让苏尔将军交换过意见,让苏尔表示,绝不把他的舰队交给轴心国。诺思的意见得到霍兰海军上校的支持。

霍兰曾作为英国驻法使馆武官出使巴黎,与让苏尔将军保持着友谊。萨默维尔会后电呈英国海军部，建议先行外交争取，他认为霍兰是最佳人选。霍兰会讲一口流利的法语，可以以老朋友的身份劝说让苏尔舰队加入英国皇家海军。丘吉尔接到电文后，立即批复萨默维尔："你肩负着英国海军至今未曾遇到的令人感到难堪的棘手问题……"

7月3日拂晓，晨曦映照着北非海岸。6点20分，英国海军编队到达米尔斯克比尔港入口处。前导舰随即通告法国舰队旗舰："英国海军部特派霍兰海军上校前去会见分舰队司令阁下，希望你和光荣的法国海军继续与英国皇家海军并肩战斗。如能这样，贵部仍归阁下指挥。"一番外交辞令之后，又声言："一支英国皇家海军舰队已驶抵奥兰海域，迎接将军阁下。"

就在霍兰来到港口的同时，法国分舰队司令让苏尔也接到法国海军部长达兰的指示，通报了法德停战协定的内容，特别是有关海军的条款，提醒他不可擅自答应英国提出的要求，以免授德国以口实，使德国人有机会占领法国全部国土。

清晨，朝阳升起，透过晨雾可以清楚地看到法国军舰井然有序地停泊在港内。这时，一艘小艇驶向"敦刻尔克"号战列巡洋舰，不一会儿就靠上"敦刻尔克"号战列巡洋舰舷边。让苏尔的上尉副官登上"敦刻尔克"号战列巡洋舰，向霍兰传达了让苏尔的答复："因公务繁忙，不能会晤，特派首席参谋前往拜见。"但霍兰坚持要见让苏尔，副官只好带着霍兰提交的四点建议返回。这四点建议在丘吉尔的信件内很详细地写明了：

迄今为止，我们曾经是你们的战友，不能坐视你们上好的舰只落入敌人德国或意大利的掌握。我们决心战斗到底，如果我们战胜了——我们认为我们是能够战胜的——我们决不忘记法国曾是我们的盟友，我们的利益就是法国的利益，我们的共同敌人是德国。如果我们战胜，我们庄严宣布，我们一定要恢复法国的光荣和领土。为了这一目的，我们必须真正做到：法国海军最精锐的舰只不至于被敌人用来攻打我们。在这种情况下，英王陛下政府指示我要求现在在米尔斯克比尔和奥兰的法国舰队根据下列办法之一行事：

第一，和我们一起航行，继续为取得对德国和意大利战争的胜利而战。

第二，裁减船员，在我们的监督之下开往英国港口。裁减的船

英国"敦刻尔克"号战列巡洋舰

员应尽早遣返。

如果你接受以上两种办法之一，我们将在战争结束时把你的舰只归还法国，如果舰只在作战期间有所损坏，我们将如数赔偿。

第三，另外一个办法是：如果你觉得必须约定，除非德国或意大利破坏停战，你们的舰只就不能用来攻打他们，那么，就裁减船员，随同我们一起开往西印度群岛的一个法国港口，例如马提尼克，在那里完全按我们的要求解除舰只的武装，或者交给美国妥为保管，直到战争结束，船员则可先行遣返。

如果你拒绝这些公平合理的建议，那么，我谨以最深的歉意，要求你们在六小时以内把你们的舰只凿沉。

最后，如果你们未能遵照上述办法行事，那么，我只好根据英王陛下政府的命令，使用一切必要的力量，阻止你们的舰只落入德国或意大利之手。

见不到让苏尔，霍兰便乘交通艇向法国舰队驶去。在港湾入口处，又遇到了那位首席参谋。首席参谋重申，让苏尔将军不会见任何客人。霍兰只好提出警告：如果法国分舰队不加入英国皇家海军，英国舰队将奉命以武力制止法国分舰队落入德意之手。

让苏尔以书面答复说，决不容许法国的舰只原封不动地落到德国和意大利的手里，还说，如果动用武力，他们也将还以武力。

让苏尔在此以前曾给法国海军部发了两封电报。法国内阁会议开会研究英国的条件。魏刚将军出席了这次会议，他提出了第三个办法，即把法国舰队开往西印度群岛。魏刚将军说："我不知道让苏尔是不是有意的，也不知道他是了解还是不了解那几个条件，看来他并没有把事情的一切细节告诉我们。现在看来，英国最后通牒的条件没有他给我们说的那么苛刻，而且最后还提出了第三个还可以接受的办法，即法国舰队开往西印度群岛水域。"

法国方面的态度让英国舰队司令和重要官员都感到难过，没有别的办法，只有下达最直截了当的命令，才能强迫他们对那些最近还是战友的人们开火。海军部虽然很不愿意，但是战时内阁的决定毫不动摇。

这天下午，在阿尔及利亚西北部海港重镇奥兰（今称瓦赫兰）附近海域，英国舰队和法国舰队打了一场海战，这是自滑铁卢会战以来英法两国间的第一次交战。

在英国大兵压境的情况下，让苏尔电呈法国海军部，说明自己的处境。法国海军部下令地中海舰艇部队做好战斗准备。接到政府命令的法国海军分舰队，立即进入战斗准备。

英国H舰队指挥官萨默维尔获悉后，将情况速报伦敦。海军部命令，迅速出动舰载机在港湾入口处布雷，封锁港口。数架飞机从"皇家方舟"号航空母舰上起飞，在港湾入口处低掠而过，布下水雷。

布雷行动产生了效果，让苏尔同意和霍兰会晤。迫不及待的霍兰迅即驶向港内。16点15分，他终于踏上了法国旗舰的甲板。两位老朋友见面，相互致意。让苏尔仍然申明法国舰队决不向德意投降，但也决不屈从英国的压力。

显然英国舰队的布雷行动激怒了这位将军。霍兰为英国海军的行动极力做出解释。然而，半小时后，萨默维尔接到命令，"立即占领攻击阵位，做好战斗准备。"17点15分，萨默维尔向法国旗舰"敦刻尔克"号战列舰发出最后通牒："17点30分前，若仍然拒绝我方建议，我方将击沉你们的舰艇。"

至此，霍兰的斡旋化为泡影，只得离开法国旗舰。

★丘吉尔回忆英法内讧

在海军部里，我也是感情很激动的，但是战时内阁的决定毫不动摇。

我整个下午都坐在内阁办公室里，同我的重要同僚以及海军大臣和第一海务大臣保持着频繁的接触。18点26分向英国舰队发出了最后的电报：法国舰只必须按我们的条件行动，否则，就让他们自行凿沉，或者在天黑之前由你们击沉。

但是行动已经开始了。17点54分，舰队司令萨默维尔向这支得到岸上炮台掩护的强大的法国舰队开了火。

巧妙化解危机

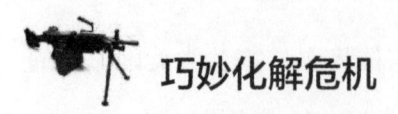

离英国舰队规定的最后期限只剩下五分钟,霍兰的小艇刚驶过防波堤,英国H舰队就开炮射击。"胡德"号战列巡洋舰大显神威,向法国军舰猛烈射击,381毫米口径的炮弹呼啸着倾泻在"布列塔尼"号战列舰上。

顷刻间,"布列塔尼"号战列舰上烈火冲天而起,火焰染红了半边天。另一艘法国驱逐舰被困在港内,最后搁浅。法国军舰"火狐"像一头被激怒的狮子,疯狂地扑向"胡德"号战列巡洋舰,一下子发射了40发炮弹,但奇怪的是无一命中。

炮战持续了15分钟,让苏尔发出信号,要求停止射击。萨默维尔立即答应,并威胁说:"我要看到你的舰艇全部沉没,否则将恢复射击。"然而,萨默维尔担心法国军舰爆炸会危及英国军舰的安全,又考虑到港区有水雷封锁,便下令舰队撤出战斗。

英国军舰撤离后,法国"斯特拉斯堡"号战列巡洋舰在烟幕的掩护下,向港外冲去。训练有素的法国海军官兵驾驶军舰绕过雷区,抢在英国舰队返回之前进入外海。英国舰队发现后,从"皇家方舟"号航空母舰上起飞六架鱼雷机对其进行拦截。但拦截失败,"胡德"号战列巡洋舰又奉命追击,后被萨默维尔召回。

驻米尔斯克比尔港口的法国分舰队，除"斯特拉斯堡"号战列巡洋舰于4日晚逃到土伦港外，其余舰艇不是被击沉，就是搁浅。法国海军有1200多名官兵阵亡。英国舰队无一伤亡。

在亚历山大港，英国地中海舰队司令坎宁安海军上将也接到命令，要他以同样方式通电驻亚历山大港的法国分舰队司令戈德弗鲁瓦。

坎宁安决定利用与戈德弗鲁瓦私交甚笃之利，兵不血刃地解决问题。他向戈德弗鲁瓦将军发出邀请，请他于7月3日7点到英国旗舰"厌战"号战列舰商谈要事。

"胡德"号战列巡洋舰

经典 全景二战丛书 "皇家方舟"号沉没记

英国地中海舰队总司令安德鲁·布朗·坎宁安

第二章 "皇家方舟"号与争夺地中海

戈德弗鲁瓦准时赴约。为了迎接这位法国将军,"厌战"号战列舰官兵身着白色礼服,奏起迎宾曲,在一片热烈友好的气氛中列队欢迎法国将军的来访。

坎宁安迎上前去,互致问候。两位司令坐定后,开始用英语交谈,在关键处由一旁的英国军官用法语重述一遍。坎宁安委婉而又明确地说明了英国对法国舰队的要求。戈德弗鲁瓦听后表示,返回舰队认真考虑后再作答复。坎宁安请他在当日13点前务必答复。而戈德弗鲁瓦更为爽快,说11点30分前即可答复。这时,在亚历山大港以西3000多公里的米尔斯克比尔,英国西地中海舰队正在解除让苏尔的武装,若事不顺利,势必影响亚历山大港的形势。

中午,戈德弗鲁瓦答复坎宁安说,在未得到法国政府批准的情况下,他既不能加入英国海军,也不会同意在一个外国港口解除武装。在不得已的情况下,他可考虑驶到外海凿沉舰艇,但至少需要48小时的准备时间。

这使坎宁安感到为难。若答应,则超过了海军部规定的最后时限;若拒绝,又可能导致一场血战。不过,坎宁安对自己的努力充满信心,不管发生什么情况,英国海军都能控制局势。于是,他又写信给戈德弗鲁瓦,告诉他法国海军必须在7月5日12点以前在海上凿沉舰艇。

此外,坎宁安以老朋友的身份要求戈德弗鲁瓦,法国分舰队在出海前,必须作出某种姿态,排放军舰的部分燃油,拆下鱼雷引信，以表明不是出逃。随后，坎宁安将此事报告了英国海军部。

戈德弗鲁瓦答应了坎宁安的要求，并许诺于17点30分开始卸下燃油。然而，戈德弗鲁瓦接到米尔斯克比尔的消息后，又致信坎宁安，说英国皇家海军已向米尔斯克比尔的法国分舰队进攻，我奉海军部的命令，率舰队出海。亚历山大港刚刚缓和的局势又紧张起来。

坎宁安决定强令法国分舰队凿沉舰艇。

7月4日早晨，副官报告坎宁安，戈德弗鲁瓦已得到米尔斯克比尔发生冲突的情报，很可能要放弃一切承诺，率分舰队出海。坎宁安闻讯快步登上舰桥，他看到法国舰艇的烟囱升起滚滚浓烟，舰员已各就各位，处于临战准备状态。

危机迫在眉睫，坎宁安随即下达了紧急战斗命令。英国海军战列舰迅速机动，将舰炮对准了法国舰队。潜艇和驱逐舰立即出海，随时准备攻击冲出港外的法国舰艇。

坎宁安站在舰桥上，一面部署兵力，一面思忖：要抓住转机，尽量避免交火。他召集参谋人员开会，决定开展宣传攻势，争取法国分舰队和平起义。

会后，坎宁安又上到舰桥。在这充满危机的时刻，坎宁安一直伫立在舰桥上。他手持望远镜，仔细地观察法舰的动静。不一会儿，他发现法舰舰长向旗舰集中，似乎是戈德弗鲁瓦在做新的部署。这时，戈德弗鲁瓦发来信号，要求立即到英国旗舰"厌战"

号战列舰上来。坎宁安看到情况发生转机，欣喜异常，立即表示："欢迎你来舰。"

法国分舰队司令戈德弗鲁瓦将来到"厌战"号战列舰，表示愿意在协定上签字，但要保证法国分舰队的中立和安全。坎宁安当即表示同意。一场风波终于过去了。英国海军部致电坎宁安："向你表示衷心的祝贺，首相本人也向你表示良好的祝愿。"后来，坎宁安在回忆这段往事时写道："我体验了平生从未有过的全身心的轻松和满足。"

在达喀尔，从英国"赫米斯"号航空母舰上起飞的鱼雷机攻击了法国的"黎塞留"号战列舰，它被打得至少一年不能出海。后来在支援"自由法国部队"在达喀尔的一次不成功的登陆轰炸中，H舰队击沉一艘驱逐舰和两艘潜艇。英国人的代价是，一艘战列舰和两艘巡洋舰被毁，在卡萨布兰卡的"让巴尔"号战列舰没装主炮，所以没有受到骚扰。罗斯福总统通过外交努力，使得在法属马提尼克岛的两艘法国巡洋舰和一艘航空母舰保持中立。

英国首相丘吉尔并没因此感到兴奋，他在回忆中写道："我向众议院详细地报告了经过情形。虽然'斯特拉斯堡'号战列巡洋舰从奥兰逃脱、'黎塞留'号战列舰已被打得不能行动的报告还未接到，但是我们所采取的措施已经使德国人不能再对法国海军有多大的指望了。"

法国的维希政府由于其军舰受到攻击而愤怒，于是下令对英国

经典 全景二战丛书 "皇家方舟"号沉没记

法国"黎塞留"号战列舰

人进行报复。1940年7月5日，法国飞机对直布罗陀海峡进行攻击，但是他们投进港口的炸弹没有造成伤害。7月8日，法国与英国的外交关系恶化，但是没有到宣战的程度。

英国皇家海军H舰队出奇兵，轻取驻米尔斯克比尔的法国分舰队。紧接着，地中海舰队又软硬兼施，使驻亚历山大港的法国分舰队不战而降。首战全胜，解除了英国的后顾之忧。这消息使三面受围，形势岌岌可危的英伦三岛和在空袭恐怖气氛下度日的伦敦人松了一口气。

然而，作为地中海战区最高指挥官的坎宁安将军，并未因旗开得胜而有半点陶醉。相反，坎宁安感到战区形势更为严峻：失去了昔日的海上盟友——法国舰队，从此要单枪匹马去对付势均力敌的对手——意大利舰队。

不出所料，意大利海、空军开始动手了，集中突击的第一个目标就是马耳他岛。

地中海战事一起，意军就双管齐下，对该岛进行了严密的海上封锁和频繁的空袭轰炸。因此，坎宁安不得不将其司令部由马耳他岛迁到埃及的亚历山大港。但司令部的部分人员及家属没来得及撤出，还留在岛上。他们在不断加剧的空袭下，苦苦煎熬。地中海舰队的当务之急，是支援孤悬于茫茫大海中的马耳他岛，迅速撤出岛上的司令部全部工作人员和家属。坎宁安的妻子此时也在那个弹丸小岛上，这不能不令坎宁安时时牵挂。

坎宁安将军此时最关注的是如何在海战初期，抓住战机，利用自己舰载航空兵的优势，给意大利舰队以痛击。坎宁安决定立即派护航运输队去马耳他岛执行接运任务，并亲自率领一个具有掩护与突击能力的海上编队出海。这样，既可保证撤运工作的顺利进行，又可在海上寻歼意大利舰队主力。

在解除了驻亚历山大港法国海军分舰队武装的第三天，即7月7日，坎宁安就率领地中海舰队庞大的舰群出海了。

这个舰群分为三个战斗编队：五艘巡洋舰组成前卫编队，担负侦察、搜索任务；接着是由五艘驱逐舰护航的旗舰"厌战"号战列舰，它是整个舰队的核心；最后的是以"鹰"号航空母舰为主，包括"马来亚"号战列舰及10艘驱逐舰的大兵力群，它是执行掩护、突击任务的主要兵力。

为配合地中海舰队的行动，英国海军还组织了钳制性兵力。

H舰队在萨默维尔将军的指挥下，也从直布罗陀海峡出发，掩护一个护航运输队驶向马耳他岛。显然，英国海军的两支舰队同时出动，逼近意大利半岛的敏感地区，且呈东西策应，分进合击之势。这样用兵是企图使意军产生错觉，以期分散意方的兵力，保证撤运工作的完成。

就在英国舰队出海活动的时候，意军也组织了一支护航运输队开赴北非，为入侵北非地区的意大利陆军一线部队提供急需的补给品。当时，意军在北非有两个兵力集团：一个在东非的阿比西尼

第二章 "皇家方舟"号与争夺地中海

英国"厌战"号战列舰上的381毫米巨炮

亚，由奥斯塔公爵指挥；一个在北非的利比亚，由格拉齐亚尼元帅指挥，共有兵力约40万人。1940年7月初，意军在向英属苏丹和肯尼亚发起攻击遭受挫折之后，向本土紧急求援，要求尽快从海上为北非部队运送补给品。7月6日晚，一支由五艘运输船组成的船队满载着弹药和燃油，在驱逐舰的保卫下，从濒临第勒尼安海的那不勒斯港出发，开赴北非的重要港口班加西。

同陆上作战比较，海上作战更需要组织严密的侦察保障，以便获得所需敌情，正确使用己方的兵力，达成战役、战斗目的。意大利海军参谋部为保证其护航运输队的安全，组织了海空侦察。潜艇、侦察机前出到英国海军基地附近海域，对可能从亚历山大港和直布罗陀海峡出击的舰艇进行严密监视。

7月7日夜，意大利潜艇发现英国地中海舰队离开基地向西航行，随即进行了攻击，但未取得战果。8日午前，意大利侦察机又报告，英国H舰队驶离直布罗陀海峡，向东航行。

★地中海的心脏——马耳他岛

马耳他岛位于地中海中心，自古以来就是地中海天然的避风港，马耳他一词在腓尼基语中是"避难所"的意思。该岛面积246平方千米，1789年被法国占领，1800年被英国占领，后沦为英国殖民地。

由于马耳他岛正处在直布罗陀海峡至苏伊士运河的东西航线和

第二章 "皇家方舟"号与争夺地中海

防潜网

意大利至北非的南北航线交汇点，距离意大利的西西里岛仅80千米。而从岛上机场起飞的飞机，作战半径东可至希腊雅典、克里特岛，南到利比亚，西至阿尔及利亚，北可达意大利中部的佛罗伦萨，几乎覆盖了地中海周围所有重要目标，因此马耳他岛对于南欧和北非地区具有无可比拟的战略地位和价值。

第二次世界大战爆发后，该岛也就理所当然地成为英国在地中海最重要的海空基地，同样也就成为德意首要的攻击目标。英国国防委员会批准在马耳他岛上建立哈尔法尔、卢卡和塔卡利三个机场，在卡拉弗拉纳建立水上飞机基地和雷达站，并在该岛部署四个战斗机中队和172门高炮。

马耳他岛争夺战

意大利海军参谋部对英国地中海的两个舰队同时出动的真正意图，一时还难以作出明确的判断。但初步认为，东进的H舰队似是一支钳制兵力，威胁不大，决定使用潜艇和航空兵进行监视，适时予以打击。而集中力量于地中海中部海域，既可保证己方护航运输队的安全，又能保护爱奥尼亚近岸海区不致遭受英国舰队的侵袭。

意大利海军的战斗企图是，在亚历山大港的舰群同直布罗陀海峡的舰群会合之前，抓住有利战机，在岸基航空兵的配合下，力求摧毁英国地中海舰队的主力,消灭当前主要之敌。

在作了上述部署之后,意大利海军参谋部指令护航运输队继续南下,完成对北非的补给任务。为实现这一作战企图,意大利海军参谋部决定增强地中海中部海域的支援与掩护兵力,遂指令巡洋舰第三分舰队立即开到马耳他岛以东海域,准备截击英国舰艇编队,但仍嫌兵力不足,又命令最大的"朱利·恺撒"号战列舰和"加富尔"号战列舰与两个巡洋舰分队一起,组成一个强有力的海上掩护战斗群,统一由康姆皮翁尼上将指挥,执行海上打击支援任务。应该说,意大利海军参谋部的决断大体上是正确的。

早在7月7日夜里,意大利潜艇发现并攻击了坎宁安舰队后,海军即向总参谋部提出出动空军飞机对英国舰只进行突击的请求。8日,意大利空军轰炸机奉命从斯波拉泽斯岛起飞,到英国舰队上空后,为避开英国军舰防空炮火的抗击,在3660米的高空投弹。其中一弹直接命中英国"格洛斯特"号轻巡洋舰,重创该舰,舰长及17名舰员中弹身亡。这次空袭,由于意大利飞机投弹时飞得太高,又受到英国三架舰载战斗机的抗击,战果不大。

意大利主力舰队在完成了护航掩护任务后(开往北非的舰队于7月8日驶抵班加西港),康姆皮翁尼上将请示海军参谋部,主动要求率部东进,以捕捉英军舰队,伺机给以打击,当时,意大利海军参谋部对海上编队的行动实行统一指挥,一切计划外的海上行动均需请示,得到批准方能进行,不得擅自采取行动。这种保守的指挥方式限制了海上指挥官的战斗积极性。意大利海军参谋部根据所获的情报分析,正向北驶的英国舰队可能于第二天中午时分到达意大利半岛尖部的庞塔斯提洛（卡拉布里亚）附近海区。若能在英国舰队到来的路上抢先占领阵地,待目标接近后,在岸基飞机的协同下发起突击,可以出其不意。据此,意大利海军参谋部命令康姆皮翁尼率舰队赶到爱奥尼亚海,进入待机海域。

差不多在意方发现英国舰队出海活动的同时,英国舰队也了解到意大利舰队海上活动的情况。

坎宁安率舰队离开亚历山大港后不久,就收到"不死鸟"号潜艇的报告,发现一支庞大的意大利舰队正在马耳他岛以东200海里处向南航行。随后,坎宁安即指令驻马耳他岛的岸基飞机迅速飞往指定海域,进一步查明情况。坎宁安则率领舰队转向机动,开赴目标区与意大利本土基地之间的海域,抢先占领有利的待机海域,不失时机地对意大利舰队实施拦截,切断其退路。

午夜时分,坎宁安又接到马耳他岛侦察机的报告,在巡逻海区发现由两艘战列舰、六艘巡洋舰和七艘驱逐舰组成的意大利舰队正由南向北行驶。这个情况坚定了坎宁安实施海上截击作战的决心。这样,担负掩护使命的两支主力舰队便捉对厮杀起来。

然而,从马耳他岛起飞的英国侦察机于7月9日中午前,发现并报告了意大利舰队的新动向。而意军侦察机却没能发现英国舰队的确切位置。由于敌情不明,意大利海军参谋部难以实施及时、正确的指挥。这使康姆皮翁尼十分焦急，甚至以为英国舰队或许已经转向，返回基地。

为了保证对地中海的控制，英国人必须在马耳他岛加强防御。8月2日，英军驻直布罗陀海峡的H编队出动舰队，以舰载机轰炸了意大利萨丁岛上的卡利阿里机场，掩护由"百眼巨人"号航空母舰和四艘驱逐舰组成的编队驶抵萨丁岛西南海域，"百眼巨人"号航空母舰随即起飞12架"飓风"战斗机，飞至马耳他岛着陆。这12架战斗机组成第二六一战斗机中队，成为英军在马耳他岛的空军主力。

在意大利舰队指挥官心怀狐疑、举棋不定之际，坎宁安指挥的舰队正悄悄地向意大利舰队接近。在相距90海里处，坎宁安下令"鹰"号航空母舰搭载的"剑鱼"式舰载机（舰上共有"剑鱼"式鱼雷机15架，"斗士"式战斗机3架）起飞，对意大利舰队实施鱼雷攻击，削弱意大利舰队的火力，打掉意大利主力舰在航速方面的优势。随后，投入主力舰进行决战，以夺取海战的胜利。

这是英国皇家海军的一种典型战术。他们当时都还不相信单靠舰载机就能摧毁敌方的战列舰。

9日13点30分，原企图伏击英国舰队的康姆皮翁尼，突然听到飞机的轰鸣声，开始以为是己方飞机按协同计划实施首次突击，定神观察，发现来势不妙，是英国飞机，便匆忙组织抗击和规避。好在躲避及时，加上英国飞机也缺少海上作战经验，除一艘巡洋舰受伤外，其余舰只都避开了急驰而来的鱼雷。

直到此时意大利人才醒悟，英国舰队就在距离自己不远的海域。慌乱中，康姆皮翁尼赶忙下令使用飞机弹射器将一架小型侦察机发射升空，去侦察敌情。

侦察机升空后不久即发回报告，在80海里外发现目标。可惜的是，意大利空军飞机未能在舰队投入战斗前率先给英国舰队造成伤害。海战场离意大利半岛南端航空基地很近，意大利空军战斗机（航程1140千米）、轰炸机（航程2770千米）的作战半径也不小，但按兵不动。意大利空军尽管既得天时又有地利，但坐失战机。这次海战暴露了意大利海、空军协同方面存在的严重问题，也说明意大利海军没有自己的航空兵是一个致命的弱点。

康姆皮翁尼虽得不到岸基飞机的支援，但仍带舰队高速向英国舰队靠近。9日15点，意大利舰队右翼的一艘巡洋舰在25 000米的距离上首先发现英国舰队，随即猛烈进行炮击。

意大利军舰的齐射炮火相当凶猛，一颗颗炮弹落在英国军舰附近，激起高高的水柱，溅落在英国军舰的甲板上，但命中的目标甚少，只有"海王星"号轻巡洋舰挨了一弹，受轻伤。15点53分，英国军舰进行还击，双方展开激烈对攻，打得难分难解。这时，坎宁安又使出了撒手锏，命令"鹰"号航空母舰上的舰载机再次起飞，实施鱼雷攻击。据英国飞行员报告，这次空袭至少有一条鱼雷命中了目标。但实际上并未奏效，只是起到压制意大利军舰火力和

英军剑鱼式鱼雷轰炸机

掩护英军主力舰只向目标迅速靠近的作用。

双方激战正酣,继巡洋舰等轻型兵力投入战斗后,双方的战列舰高速驶近,开始了这场海战的压轴戏。16点稍过,意大利战列舰凭借主炮射程远的优势,在24 000米的距离上首先开火。英军战列舰则冒着密集的炮火继续向目标靠近。坎宁安站在"厌战"号战列舰舰桥上,顾不上呼啸而过的炮弹,紧握望远镜,观察着水天连接线处出现的一两个大黑点。它们越来越大,终于判明那就是他要寻歼的意大利海军的两艘战列舰,"朱利·恺撒"号战列舰和"加富尔"号战列舰。

恺撒级战列舰排水量23 000吨,装有10门320毫米口径舰炮,仰角大,射程近33 000米,该级舰装甲虽不厚,但航速达26节。

该级舰建造于第一次世界大战期间，1937年意大利海军对其进行了改装。它以公元前1世纪古罗马著名统帅朱利·恺撒的名字命名，可见意大利海军对这种战舰期望之大。

一个难得的战机！坎宁安按捺不住急切应战的心情，立即命令"厌战"号战列舰开炮射击。顿时，"厌战"号的381毫米口径的巨炮怒吼起来，震得战舰抖动不已。接着，跟进的"马来亚"号战列舰也投入战斗，两舰集中火力对"朱利·恺撒"号战列舰进行突击。

意大利"朱利·恺撒"号战列舰

"厌战"号战列舰的一发炮弹正击中"朱利·恺撒"号战列舰前烟囱的根部，伴随着剧烈的爆炸声，橘红色的火舌从"朱利·恺撒"号战列舰下甲板处冒出来。接着，浓重的黑烟裹着烈焰，从通气孔蹿入锅炉舱，"朱利·恺撒"号战列舰的航速由原来的 26 节降到 19 节。在战斗中，意大利"博尔萨诺"号重巡洋舰，也被三发炮弹击中，好在不是要害处，损伤不太严重。

"朱利·恺撒"号战列舰受伤后，康姆皮翁尼命令执行警戒任务的驱逐舰向英军战列舰射击。同时指令巡洋舰施放烟幕，掩护受伤的战舰灭火和撤出战斗。意大利海军在保存实力、尽量避免与优势之敌交战思想的指导下，于 17 点左右，康姆皮翁尼决定率其舰队转向北航行，就近向西西里岛北侧的海军基地墨西拿港驶去。

海上烟雾弥漫，双方失去接触。英国舰队虽然处于可实施追击的有利态势，但是坎宁安不敢恋战。海战场已经距离意大利海岸不远，若率舰队闯过烟幕进行追击，虽有扩大战果的可能，但也有遭到意大利轻型兵力伏击和岸基航空兵突击的危险。权衡利弊之后，坎宁安果断决定撤出战斗，于是命令舰队转向，朝马耳他岛方向驶去。

坎宁安的胜利让英国皇家海军相当振奋，萨默维尔决心唱出大戏——运输飞机到马耳他岛，伺机轰炸意大利本土。

1940 年 11 月 15 日，英军驻直布罗陀海峡的 H 编队由司令萨默维尔上将亲自指挥，编队包括"皇家方舟"号航空母舰、一艘战列巡洋舰、两艘巡洋舰和八艘驱逐舰，同时向马耳他岛增派飞机。当编队到达萨丁岛以南海域时，据报附近有意军军舰出现，所以"皇家方舟"号航空母舰让12架飓风式战斗机和两架海上大鸥式轰炸机从极限航程起飞，结果大多数飞机因燃油耗尽而坠海，只有四架飓风式战斗机和一架海上大鸥式轰炸机到达马耳他岛。

英国人将岛上16架各种型号的轰炸机编成第一四八轰炸机中队，英军就利用这些轰炸机北上轰炸意大利南部港口机场、南下轰炸北非的港口机场，取得了显著战果。

英军认为意大利海军龟缩于意大利北部港口，地中海已相对平静，便于11月下旬从直布罗陀海峡派遣护航运输船队前往马耳他岛。

不料意军竟很快出动了包括两艘战列舰、六艘巡洋舰和四艘驱逐舰的舰队出海迎战，英军对此颇感意外，立即加强对护航运输船队的护航。

由于意军侦察不力，敌情报告自相矛盾，舰队司令康姆皮翁尼难以判明敌情，因此他决定避免与英军舰队交火，掉头返航。

刚转向航行不久，就与英军萨默维尔上将指挥的H编队遭遇，意军巡洋舰群与英军展开激烈炮战，意军战列舰则遭到了英军"皇家方舟"号航空母舰舰载机的攻击，康姆皮翁尼一边请求空军支援，一边指挥舰队施放烟幕，相互掩护撤退。

意大利海军没有直属的海军航空兵，只得请求空军派出飞机支

正在开炮的英军"厌战"号战列舰

援，中间辗转周折，延误了战机，尽管作战海域就在意大利领土萨丁岛以南海域，但当意军飞机到达战区时，双方炮战已经结束，意军飞机攻击也未取得战果。

英军萨默维尔上将根据舰载机飞行员的不确实报告，以为已经击沉击伤意军战列舰两艘，而作战海域又在萨丁岛附近，唯恐遭到意军岸基航空兵的攻击，就未继续组织追击，也率部撤出了战斗。

战后他遭到了很多指责，甚至被迫在军事法庭上为自己辩护。此役史称"特乌拉达角海战"，英军有一艘巡洋舰负伤，意军有一艘驱逐舰负伤。

鉴于意大利无力招架英国的凌厉攻势，希特勒决定德军介入地中海战区，他说服意大利元首墨索里尼接受德国空军第十军进驻西西里岛，该军拥有各型飞机约400架，进驻西西里岛的首要任务就是压制马耳他岛的英军航空力量。马耳他岛争夺战也随之进入了第二阶段。

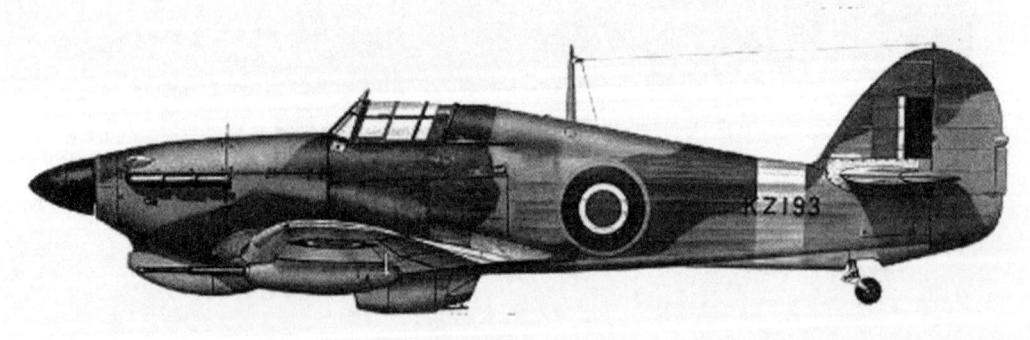

英军飓风式战斗机

★飓风式战斗机

飓风式战斗机是第二次世界大战中闻名遐迩的战斗机。飓风式战斗机主要当作战斗轰炸机使用，猎杀法国境内的地面目标。在北非，飓风式战斗机装上40毫米机炮，专门攻击隆美尔元帅麾下的坦克，也取得了一定的战绩。

从1941年开始，英国海上运输船队频频遭到德国U型潜艇和FW200远程轰炸机的袭击，为保护盟国性命攸关的海上运输线，英军把飓风式战斗机做一些改动后成为海飓风式战斗机配置，然后再匆忙加装弹射装置在商船上。执行战斗任务时，将海飓风用弹射装置弹射出去；完成任务后再迫降在海面上，由其他船只设法把飞行员救起。后来英军对海飓风式战斗机再加以改进，并配备于海军的航空母舰上。

第三章
"皇家方舟"号显神威

英国的主力舰

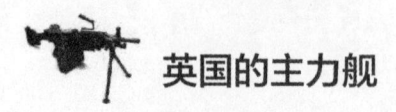

第二次世界大战在如火如荼地进行着,希特勒公开下令入侵英国。英国皇家海军甚至想把用于护航的舰船抽调回来加强英国本土的防卫。然而,英国人深知在这种情况下他们的第一道防线是英国皇家空军。如果敌人不掌握海峡上的制空权,是不可能入侵英国本土的。

德国海军司令雷德尔预料到了希特勒的意图,已让他的参谋人员拟出了入侵计划。但从希特勒那儿雷德尔得到了一份由陆军起草的计划,该计划要求从泰晤士河口附近的拉姆斯盖特直到怀特岛的322千米沿线登陆。雷德尔解释说,德国海军没有在这样宽的地面上登陆的能力。而且,即使海军有这样的能力,严重损坏的法国港口也担负不了这样的行动。他提出了一个较为节制的在多佛尔和比奇角之间登陆的建议。对此,陆军参谋总长嗤之以鼻道:"我最好把我的部队直接从灌肠机里送到岸上。"雷德尔冷冷地回答说,他要把部队送到岸上而不是送到海底。

最后,采取了一个既不适合陆军也不适合海军的折中的方案。但是陆军和海军的一致看法是,如果德国空军不首先击垮英国皇家空军,任何计划都是不切实际的。结果他们把球踢给了空军司令赫

德国空军元帅赫尔曼·戈林

尔曼·戈林元帅。

纳粹空军很快出现在英国上空，在伦敦空战中，德国人没讨到任何好处，从1940年8月到10月，德国空军损失了1733架飞机，英国皇家空军损失915架。

1940年12月中旬，希特勒宣布了"巴巴罗萨行动"——入侵苏联的战备命令。在发动新的攻势之前，希特勒不得不把兵力转向北非和希腊，以救援受挫的意大利部队。随着战略东移，在希特勒背后还有没被击败的顽强的英国，他还要在西欧保留49个师的兵力守卫大西洋海岸。这样，德国的力量被分散，显然没有足够的人力、物力来征服、占领和保卫这么多的地方。

墨索里尼的北非军团在埃及受阻后，为了开辟新的战场，他命令侵入希腊。英国为履行以前的诺言，派英国皇家空军和英国海军飞机攻击意大利舰船，并在克里特岛的苏得湾建立了前方海军基地。希腊人也齐心协力将侵略者赶回到了阿尔巴尼亚边境。

无论在地中海、北非，还是入侵希腊，由于缺乏计划和补给，墨索里尼用政治上的有利条件促成军事上的胜利的企图失败了。

在英国皇家海军与驻马耳他空军的合作下，意大利重要的海军基地塔兰托也遭到空袭，其海军在地中海的活动受到很大限制。这样一来，墨索里尼要把地中海变成"意大利内湖"的野心就成为泡影。他只好寻求德国人的帮助。

其实，希特勒早就在觊觎地中海地区，由于忙着欧洲战事，也碍于同轴心国的关系，暂时采取静观事态发展、等待时机的策略。现在，墨索里尼主动请求帮助，希特勒认为时机到了，便给墨索里尼写信，表示愿意"将德国空军部队调往地中海，与意大利空军一起共同对付英国地中海舰队"，德国的第十航空军由此进驻意大利南部地区。

第十航空军由赫尔曼·盖斯勒将军指挥，一直在挪威作战，专门打击盟军海上航运，这是德国空军中的一支精锐部队。盖斯勒认为，轰炸舰船的最好方式不是大多数国家的空军通常采用的

德国空军斯图卡式俯冲式轰炸机

高空水平轰炸,而是截然相反的俯冲轰炸。因此,第十航空军配有150架容克87斯图卡式俯冲轰炸机。

这些飞机当中除有150架容克87斯图卡式和容克88式俯冲轰炸机外,还有40架双发动机的梅塞施米特109式战斗机、20架道尼尔18式和阿拉社196式侦察机。这些飞机的飞行员都经过专门的对海攻击训练。

第十航空军的斯图卡式轰炸机由哈林豪森指挥,分别驻在西西里岛的科米索和卡塔尼亚两地。在这两处基地,斯图卡式轰炸机用浮动靶进行了轰炸英国航空母舰的模拟训练。哈林豪森认为，4颗直接命中的225公斤炸弹，足以击沉一艘航空母舰，而且，要达到这个指标，在技术上没有多大困难。他还认为，位于北非沿岸和意大利西西里岛之间的突尼斯海峡，将成为主要攻击海域；从直布罗陀海峡驶往马耳他岛或亚历山大港的英国运输队，迟早要通过突尼斯海峡，而且必定要由航空母舰护航。斯图卡式轰炸机按计划完成了训练任务，在西西里岛基地等待战机。

英国海军基本上掌握了地中海的制海权。他们抓住这一有利时机，对希腊和马耳他岛进行补给，支援希腊作战，并将马耳他岛建成对意大利构成威胁的永久性基地。为实现这一目标，英国海军于

德军的道尼尔轻型轰炸机

1941年1月在地中海东西两端同时进行了一次大规模的运输行动，代号为"超越"战役，有四支运输船队参加了这一战役。

第一支运输船队由四艘运输船组成，从直布罗陀海峡起航。三艘驶往希腊的比雷埃夫斯港，一艘开赴马耳他岛；

第二支运输船队有两艘运输船，从地中海东部的亚历山大港开往马耳他岛；

第三支运输船队也由两艘运输船组成，从马耳他岛驶向亚历山大港；

第四支运输船队由六艘运输船组成，从马耳他岛驶往亚历山大港。

这四支运输船队要穿越整个地中海，航程漫长，这给敌方的攻击提供了机会。但是，英国海军对此也做了防范。按照惯例，从直布罗陀海峡出发的船队由萨默维尔将军指挥的H舰队护航，兵力编成为"声望"号战列舰、"马来亚"号战列舰、"皇家方舟"号航空母舰和几艘驱逐舰。到西西里岛和突尼斯之间的狭窄水域之后，再由一支小型护航兵力护送，继续东驶，在突尼斯海峡以东海域与坎宁安将军的地中海舰队交接。

地中海舰队有"厌战"号战列舰、"刚勇"号战列舰，"格洛斯特"号轻巡洋舰和"南安普敦"号轻巡洋舰以及"光辉"号航空母舰，接替护航后，由其护航至目的地。

参加"超越"战役的英国海军舰队于1941年1月7日从地中

海东西两端起航，航途中多次遇到意大利空军的侦察机。这些侦察机一出现就被"光辉"号航空母舰上起飞的战斗机驱赶走。到1月10日上午，地中海舰队与来自直布罗陀海峡的运输船队会合了。再航行一段时间，就能得到马耳他岛基地空军的掩护了。但是，英国舰队丝毫不敢放松警惕，从"光辉"号航空母舰上起飞的几架战斗机始终在天空中巡逻，监视可能发生的敌情，因为这里距离西西里岛的意大利空军基地太近了。

根据前一天德国侦察机的报告，西西里岛机场上的斯图卡式轰炸机已装上炸弹，做好了攻击英国运输队的准备。1月10日拂晓，两艘意大利驱逐舰大概没有察觉到即将发生的攻击，进入了这一危险水域，立即遭到英国水面部队的攻击。"织女星"号驱逐舰中弹，中心开花，另一艘舰艇趁机全速逃走。这时，英国运输队已驶到班泰雷利亚岛海域，开始遭到敌机攻击。12点23分，意大利"SM79隼"式鱼雷机攻击了英国"刚勇"号战列舰。"刚勇"号战列舰躲过了向它发射的所有鱼雷，但这次低空水平佯攻引走了"光辉"号航空母舰上的"管鼻燕"式战斗机。五架"管鼻燕"式战斗机一直忙于追击"SM79隼"式鱼雷机，打光了所有携带的弹药。12点30分，"光辉"号航空母舰的雷达发现，己方的战斗机从南面正向航空母舰接近，应该是想降落。

此时，"光辉"号航空母舰舰长博伊德下令转向逆风，以收回空中的战斗机，重新起飞六架管鼻燕式战斗机。

可是，在"光辉"号航空母舰转向逆风之前。德国第十航空军的斯图卡式轰炸机开始了对它攻击。

43架容克87斯图卡式俯冲轰炸机分为两路——由恩尼塞拉斯率领的第二飞行团第十一营和由霍泽尔率领的第一飞行大队第一营，从3650米高空，开始垂直俯冲。十架德国飞机脱离编队攻击了英国战列舰，但主要目标则是"光辉"号航空母舰那又宽又长的飞行甲板。英国军舰集中火力狂射斯图卡式轰炸机，德国飞机不顾英国军舰上猛烈的高射炮火攻击，展开成立体交叉队形。

英国"光辉"号航空母舰

坎宁安海军上将在他的旗舰"厌战"号战列舰上看得出神,后来他写道:"这是十分令人吃惊的崭新俯冲轰炸攻击方式。我们无疑看到了令人拍案叫绝的飞行表演……我们不能不钦佩敌人娴熟的驾驶技术和高超的行动准确性。敌机在有限的空间内实施了攻击。人们看到,敌机攻击俯冲时是沿着'光辉'号航空母舰的飞行甲板飞行的,飞得比航空母舰的烟囱还要低。"

斯图卡式轰炸机可载乘员两名,能携带900公斤炸弹,其最大飞行速度可达328千米/小时,航程1079千米。

12点38分,德国飞机对"光辉"号航空母舰进行突击。进攻的德军飞机以三架编成一个小组,一架从舰尾方向攻击,另两架从舰的两舷进行攻击。斯图卡式轰炸机是在370米到250米的高度上投弹的,从第一次攻击到最后结束仅仅用了几分钟时间,有六颗炸弹直接命中了"光辉"号航空母舰,另外有三颗炸弹在近舷爆炸。"光辉"号航空母舰的装甲飞行甲板厚达76毫米,可经受住225公斤炸弹的攻击。

可是,有些斯图卡式轰炸机却携带了500公斤穿甲炸弹。命中的头两颗500公斤炸弹没有炸中飞行甲板,一颗落在炮位上,另一颗穿透了甲板,引起油漆库起火。第三颗270公斤炸弹命中没有装甲的升降机的后部,爆炸的冲击波使升降机平台塌向机库。另外一颗270公斤炸弹也炸中了这个升降机,在机库内爆炸,使机库内的几架飞机起火。第五颗炸弹炸中了前部升降机。第六颗炸弹穿透了升降机旁边的装甲飞行甲板。

"光辉"号航空母舰中弹后大火熊熊，机库内一片火海。舵机舱在消防人员灭火时大量进水，使舵机失灵。"光辉"号航空母舰的装甲结构使得它经受住了德国飞机的轰炸，机舱没有受损，装甲结构还保证了这艘航空母舰的灭火泵的正常工作。"光辉"号航空母舰的船体完好无损，隔离式航空汽油舱没有破裂。抢修队训练有素，在极端危险的情况下，前赴后继，干得很出色。

虽然舵机一度靠发动机进行操作，但逐渐恢复了控制。尽管主锅炉舱遭到破坏，但航速从未降到 18 节以下。在整个战斗中，炮手们一直坚守岗位，在炮手和管鼻燕式战斗机的共同努力下，共击

德国轰炸机上的投弹手

落四架"斯图卡"式轰炸机。

德国空军对英国舰队的空袭时间不长，却给英国舰队造成了不小的损失。尤其是"光辉"号航空母舰，共有83名官兵阵亡，100名舰员受伤。德国空军对英国舰队的空袭结束不久，"光辉"号航空母舰得到了英国驻马耳他岛岸基飞机的掩护，冲破德意飞机的截击，于当日晚21点15分驶抵马耳他岛附近，然后由三艘拖船拖带，驶入大港中的码头。

"光辉"号航空母舰艰难地靠上码头时，其损失已经惨重到令人目不忍睹的地步。幸运的是，德军飞机再次大规模空袭是在六天后才进行，要不然"光辉"号航空母舰或许会彻底完蛋了。1月16日，德军出动70架"容克87"式和"容克88"式俯冲轰炸机实施突击，使停泊在大港的"光辉"号航空母舰再中一弹，港口设施也受到严重破坏。但在岸基空军和舰载战斗机的抗击下，德军飞机不仅未能实现炸毁"光辉"号的目的，反而被击落18架。

随后，马耳他岛船厂的工人昼夜奋战，赶修"光辉"号航空母舰。"光辉"号航空母舰终于奇迹般修复。1月23日17点46分，"光辉"号航空母舰悄然驶离了马耳他岛，以24节的航速航行，可谓死里逃生。1月25日13点30分，"光辉"号航空母舰抵达亚历山大港，受到当地军民盛大而隆重的欢迎。两天后，"光辉"号航空母舰穿过苏伊士运河，绕道驶往美国诺福克海军船厂进行修理，直到1941年年底，才返回本土参加作战。

★ "光辉"号航空母舰的机库

"光辉"号航空母舰的作战实践表明,它未能满足英国海军参谋部订购装甲型航空母舰时所寄予的厚望。建造"光辉"号航空母舰的基本构想是:航空母舰的飞行甲板应能够承受可能遭到的重磅炸弹的攻击,而且仍能保持飞行作业的能力。为了达到上述要求,飞行甲板后端(这里是机库顶部)以及整个机库甲板均采用76毫米厚的装甲钢板;机库的侧壁也装了轻装甲,虽然装甲不厚,但有

英国"光辉"号航空母舰甲板上的舰载机

一道隔火走廊，加强了装甲的防护作用。这样，整个机库宛如一个坚不可摧的大钢箱，可以经受住巨大爆炸的破坏。

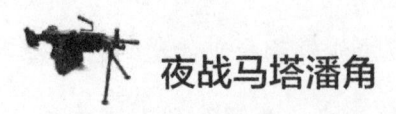

夜战马塔潘角

在"光辉"号航空母舰不得不驶往美国进行修理后，地中海舰队只有一艘老式没有装甲防护的"鹰"号航空母舰了。在白天，生命攸关的西西里水道实际上被德国俯冲式轰炸机封锁，英国的运输队无法通过。唯一可能的解决办法是撤走"鹰"号航空母舰，由另一艘"可怖"号航空母舰接防。

1941年2月，"鹰"号航空母舰从埃及的塞得港出发，执行它的最后一次护航任务，为驶往希腊比雷埃夫斯港的运输队护航。随后，"鹰"号航空母舰穿过苏伊士运河，进入印度洋。"可怖"号航空母舰3月10日加入地中海舰队。它搭有四个飞行中队：第八〇三中队（12架管鼻燕式战斗机），第八〇六中队（八架管鼻燕式战斗机），第八二九中队（九架大青花鱼式和剑鱼式鱼雷机）和第八二六中队（12架大青花鱼鱼雷机）。大青花鱼式是用来替换剑鱼式的新型飞机。它们到达地中海刚刚半个月，就赶上了英国地中海舰队和意大利海军进行的一场决战——马塔潘角海战。

马塔潘角海战的爆发有着深刻的背景：英国陆军少将奥康瑙尔

英国"鹰"号航空母舰

爵士的西线沙漠部队在埃及取得了巨大胜利，将意大利军队打得连连败退，为了支援在希腊和非洲的意军，希特勒的部队占领了捷克斯洛伐克、罗马尼亚和保加利亚。为了救援在北非的意军，他甚至把隆美尔的机械化部队派到利比亚，并从挪威向卡拉布里亚地区和西西里的机场运送了X飞行军团的500架受过攻击舰船专门训练的飞机。

X飞行军团的任务是保护轴心国向北非的船运，阻止英国运输队通过地中海。X飞行军团不久就证明了它能高效地执行这两项任务。到1941年1月中旬，它的俯冲式轰炸机毁坏了两艘英国巡洋舰，其中一艘被重创，只得遗弃。

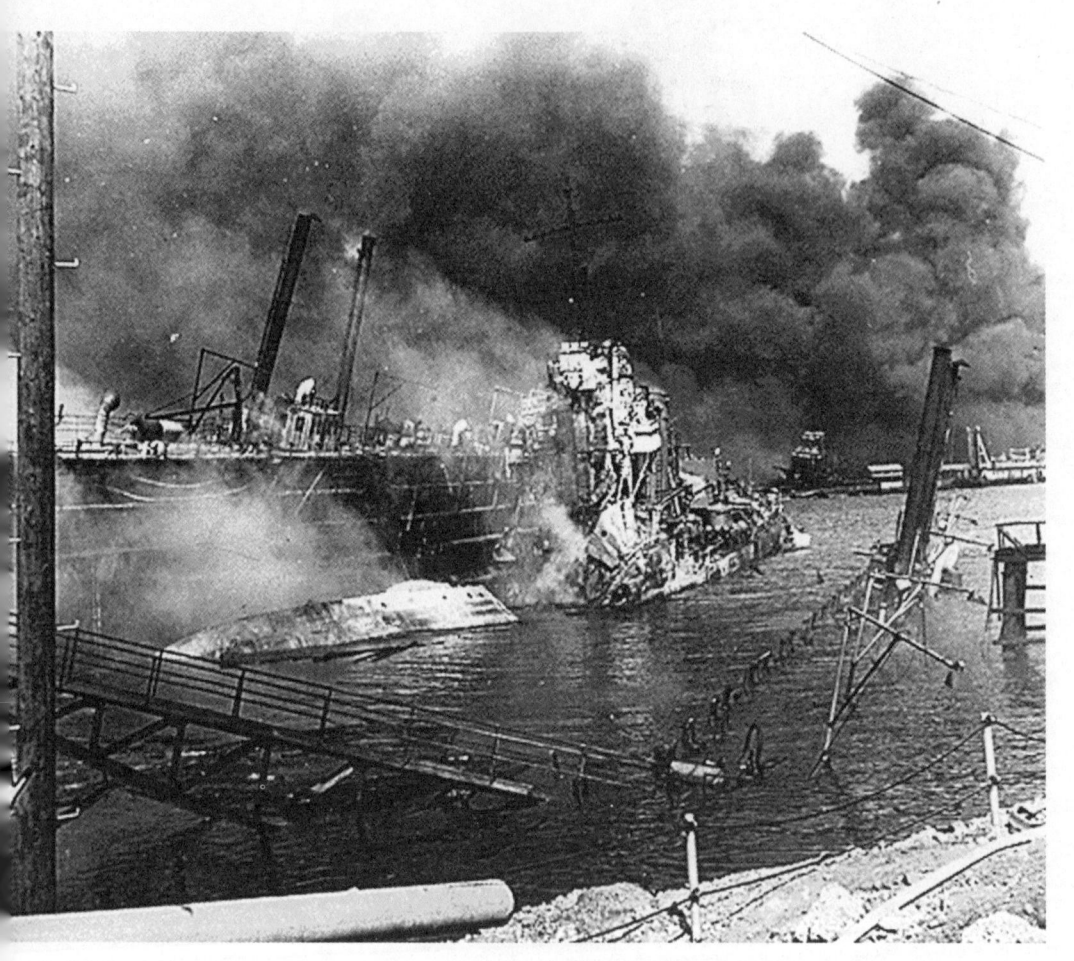

经典 全景二战丛书 "皇家方舟"号沉没记

马塔潘角海战

当德国人干涉希腊时，英国战时内阁认为增援希腊的政治因素比任何因素都重要。在六个星期里，地中海舰队把5.8万人的部队和他们的补给及装备运送到希腊。这样就无法顾及对利比亚的封锁。结果英国几乎丧失在北非的地位，在整个3月份，意大利的舰船横穿地中海为隆美尔将军的非洲军团运送部队和坦克。

在德国的要求下，意大利海军派"利托里奥"号战列舰和八艘巡洋舰及许多驱逐舰去攻击驶向希腊途中的英国护航舰队，结果就爆发了马塔潘角海战。

3月16日晚，意大利海军参谋部接到总参谋部的一份通报，说德国第十航空军的鱼雷机在克里特岛以西30海里处重创两个大目标，据判断是英国地中海舰队的两艘战列舰。第二天，总参谋长巴多格里奥向意大利海军上将里卡狄布置了一次新的作战行动。德军和意军将联合向希腊发起进攻，为配合此次战役，巴多格里奥要求海军派重兵到东地中海，破坏埃及至希腊的英国海上补给线，切断英国海军对希腊的英国远征军的补给。

巴多格里奥对意大利海军上将里卡狄说，意大利舰队可以得到德国空军第十航空军的空中支援。里卡狄受命返回后立即与德国空军第十航空军取得联系，商讨空中支援事宜，协调行动。

德国空军第十航空军答应全力配合，在意军舰队出发的当天，即对亚历山大港和海上进行不间断地空中侦察，并轰炸马耳他岛。此外，还要给在海上活动的意军舰队以可靠的空中掩护，直到日落前两小时。此次的意德海空协同作战是首次,德国空军提出在意军舰队通过墨西拿海峡的当天,德国飞机飞临意大利舰队上空,进行护航演习,以便在海上作战时有利于彼此识别与协同。

里卡狄顾虑顿消,以为意大利海军这下可要打个翻身仗了。为了确保万无一失,他还作了进一步部署,派潜艇到克里特岛附近海域,密切监视英国运输队的活动,不失时机地引导舰队投入战斗。

意大利参战兵力由舰队司令安吉洛·伊亚金诺指挥,编成四个舰群:

第一舰群以旗舰"利托里奥"号战列舰为核心,另编有四艘驱

意大利"利托里奥"号战列舰

逐舰,从那不勒斯出发。

第二舰群由第一分舰队(改编后的意大利海军水面舰艇有八个分舰队)组成,有"扎拉"号重巡洋舰、"波拉"号重巡洋舰、"阜姆"号重巡洋舰及四艘驱逐舰,该舰群从塔兰托港出发。

第三舰群由第二分舰队组成,有"的里雅斯特"号重巡洋舰、"特伦托"号重巡洋舰、"波尔萨诺"号重巡洋舰及三艘驱逐舰,该舰群由西西里岛的墨西拿港出发。

第四舰群有"阿布鲁齐公爵"号轻巡洋舰、"加里博迪"号轻巡洋舰和两艘驱逐舰,从布林迪西港出发。

四个舰群编有战列舰一艘(当时意大利海军唯一的一艘主力舰)、巡洋舰8艘、驱逐舰13艘,占意大利海军水面舰艇兵力的一半。这些舰艇定于3月27日在上西京海峡西部海域会合。

3月26日,在夜幕的掩护下,意大利新任舰队司令伊亚金诺乘坐"利托里奥"号战列舰从意大利西海岸的重要港口那不勒斯起航,27日拂晓安全地通过墨西拿海峡,到11点,四个舰群在海上会合。

按预定计划,这时应有大批德国飞机前来进行海空演习。然而,等待多时,连个德国飞机的影子都没有。德国飞机没有来,却发现了一架英国桑德兰式水上侦察机向意大利舰队飞来。

这架飞机在意大利舰队上空盘旋了几圈后离去。英国侦察机的到来,使伊亚金诺认为自己舰队的行动已失去隐蔽性,战役企图已经暴露，便发电请示返航。而意大利海军参谋部指示，继续执行任务，寻机摧毁英国运输队。

就在意大利舰队紧张备战的时候，潜伏在意大利的英国情报人员截获了意大利舰队部署的情报，此情报引起了英国地中海舰队司令坎宁安的高度重视，并采取了相应对策，当即命令正在海上的两个运输队立即返回基地，又命令威佩尔海军中将指挥的B战斗群尽快离开希腊的比雷埃夫斯港，于3月28日拂晓赶到克里特岛以南海域。坎宁安自己则在3月27日天黑后率另两个编队（即A、C

英国桑德兰式水上侦察机

战斗群）从亚历山大港基地出发。三个战斗群中，A战斗群由坎宁安直接指挥，其中有"厌战"号战列舰、"巴勒姆"号战列舰、"勇士"号战列舰，"可怖"号航空母舰和四艘驱逐舰。

B战斗群由"奥赖恩"号轻巡洋舰、"阿贾克斯"号轻巡洋舰、"佩思"号轻巡洋舰、"格洛斯特"号轻巡洋舰和四艘驱逐舰组成。

C战斗群由五艘驱逐舰组成。

这样，英国地中海舰队的主力几乎全部出动，意在抓住战机，改变数月来的海上颓势，保证埃及至希腊间海上交通线的安全。

8日凌晨，由"可怖"号航空母舰上起飞的侦察机飞临意大利

一架小型侦察机被弹射升空

巡洋舰编队上空进行侦察，意大利战列舰也利用舰上的弹射器将一架"罗米欧—43"型小型侦察机发射升空，以查明附近有无英国舰船活动。6点35分，侦察机报告：在意大利舰队前方约20海里处发现英国巡洋舰编队。但双方都未发现对方的主力舰就在附近海区。伊亚金诺一面发报要求空中支援，一面命令先头的巡洋舰编队迅速向英国舰队机动，投入战斗。一场海战就这样开始了。

海战从早晨一直持续到深夜，经历了三个阶段。

7点58分，意大利先头的巡洋舰群发现英国军舰战斗群，8点，意大利军舰距英国军舰25 000米时开火。但英国军舰编队不正面与其交战，边打边走，既不使自己在意大利军舰的火炮射程之内，却又总与意大利军舰保持接触，引诱意大利军舰不断向英国主力舰靠近。

就这样追追打打持续了半个多小时，双方都未能击中对方。到8点55分，意大利军舰编队即将进入英国岸基航空兵的作战范围，伊亚金诺见状，便命令巡洋舰编队撤出战斗返航。海战的第一阶段就这样毫无结果地结束了。

意大利巡洋舰编队转向西北准备撤出战斗时，英国巡洋舰编队却以30节的高速向意大利舰队驶来。其实，直到这时，英国军舰仍未发现就在北面不远的意大利"利托里奥"号战列舰，意大利舰队也没想到英国巡洋舰的后面还跟着三艘战列舰。

10点35分，伊亚金诺命令"利托里奥"号战列舰去迎击追来的英国巡洋舰编队，企图将其置于意大利战列舰与巡洋舰之间，形成对英国军舰编队的夹击之势，一举摧毁之。10点56分，意战列舰上的大口径火炮开始射击，一发发炮弹向英国军舰飞去。可就在意大利军舰刚刚投入战斗的时候，天空又传来飞机的声音，经识别是英国飞机。伊亚金诺急忙指挥舰队投入防空，并要求意大利参谋部立刻派空军支援。

意大利舰队还未做好防空准备，六架英国飞机已经临空，并对意大利军舰发起攻击。借着飞机的掩护，英国军舰战斗群编队施放烟幕，高速向东南方向移动。意大利舰队夹击英国舰队的企图未能实现，反而遭到英国飞机的突击。15点20分，英军出动轰炸机和鱼雷机对意大利"利托里奥"号战列舰和"波拉"号重巡洋舰发起突击。英国轰炸机编队先行攻击，吸引意大利军舰火力，紧接着，鱼雷机编队超低空从意大利舰尾进入，然后改变航向，从三个方向发射鱼雷。"利托里奥"号战列舰舰体庞大，机动速度慢，难以躲避英国飞机从近距离投射的鱼雷，被鱼雷击中，左推进器受损，失去机动能力，后经抢修才慢慢恢复到20节的航速。

英国飞机的空袭一直持续到黄昏，意大利"波拉"号重巡洋舰遭到重创。而意大利军舰也击落了一架英国飞机。意大利军舰在遭英国飞机空袭时，伊亚金诺多么希望得到德国飞机的帮助啊！可德国空军在意大利舰队的再三催促下，却声称英国军舰位置不明，难以辨别，容易误伤，无法进行空中支援。伊亚金诺对此非常气愤，可又无可奈何。

由于得不到空中支援，伊亚金诺判断，英国飞机天黑后还会来空袭，若旗舰"利托里奥"号战列舰再中弹的话，后果将不堪设想。于是，伊亚金诺命令第二舰队群返回布林迪西港，其余舰只护卫战列舰返航。至此，海战第二阶段结束。

伊亚金诺的判断是对的。18点23分，九架英国飞机又向意大利军舰发起攻击。意大利军舰已有准备，高射炮火力十分猛烈，英国飞机投射的鱼雷只有一枚命中已受伤的"波拉"号重巡洋舰，"波拉"号重巡洋舰完全失去机动能力。伊亚金诺命令第二舰群去援救"波拉"号重巡洋舰，其余舰只继续返航。

当意大利第二舰群返回到马塔潘角西南100海里"波拉"号重巡洋舰附近时，英国舰队的主力舰编队（A战斗群）也赶到了这一海区。这个时候，坎宁安海军上将挥师全速前进，试图逮住受伤的"利托里奥"号战列舰。殊不知，这艘受伤的舰艇已经逃走。22点15分，"勇士"号战列舰的雷达发现敌人，据夜用望远镜观察，发现两艘意大利"扎拉"级重巡洋舰，一前一后。发现敌舰后，英国舰队立即准备作战，排成纵队战斗队形。

由于装备了雷达，坎宁安的舰队得以迅速逼近意大利巡洋舰。当英国战列舰上的主炮昂首瞄准意大利巡洋舰时，在没有一丝月光的漆黑夜里，没有装备雷达的意大利人，显然不知道英国皇家海军的存在，自己已经被英舰上的前后主炮瞄准了。

第三章 "皇家方舟"号显神威

意大利"扎拉"号重巡洋舰

接着,在13 000米距离上,"厌战"号战列舰的6门381毫米主炮向敌舰开火,在直线距离上进行射击。顿时,从炮口喷出橙黄色火舌,炮塔的巨大后座震动使人们的神经感到麻木。战列舰的第一次齐射直接命中目标,意大利军舰被彻底摧毁,舰上的炮塔被掀上云天。英国的其他军舰也连连猛烈射击倒霉的敌人。不到15分钟,两艘意大利重巡洋舰和一艘驱逐舰被击沉。"波拉"号重巡洋舰在平静的海面上不能动弹,英国"贾维斯"号驱逐舰驶到该舰附近。"波拉"号重巡洋舰已经失去抵抗能力,它的许多舰员纷纷弃舰逃命。3月29日4点10分,"贾维斯"号驱逐舰受命用鱼雷将"波

经典 全景二战丛书 "皇家方舟"号沉没记

英舰回收一架水上侦察机

拉"号重巡洋舰击沉，至此，马塔潘角海战结束。

★坎宁安不"安宁"

马塔潘角海战打响时，坎宁安在"厌战"号战列舰的舰桥上，心潮澎湃，他写道："在死一般的寂静中，在那几乎令人心碎的寂静中，只能听到炮手们将主炮瞄准新的目标的操炮声……向前望去，可以看到主炮瞄准时平稳旋转的炮塔。我听到了射击指挥塔发出'指挥仪瞄准手注意目标'的口令声。在我一生当中，我从未经历过如此激动人心的时刻。"

激战克里特岛

在返航的"利托里奥"号战列舰上，意大利军舰队司令伊亚金诺十分担心"波拉"号重巡洋舰的命运，派去救援的第二舰群又没有一点消息。

夜幕中，伊亚金诺不住地向海战方向望去，只见远方一束束探照灯的光柱，燃烧的大火和依稀可见的炮口闪光。他不知这是凶是吉，但他预感到形势的严峻，甚至想率舰队重返战场。可"利托里奥"号战列舰进水严重，无法前去增援，直到拂晓，伊亚金诺才收到两艘驱逐舰发来的报告：包括"波拉"号重巡洋舰在内，意大利有三艘巡洋舰、两艘驱逐舰被击沉，两艘驱逐舰被击伤，3000多舰员仍在水中挣扎，急待救援。消息传来，伊亚金诺惊得说不出话来。这时德国飞机飞临战区上空，而英国军舰早已撤离。

英国海军地中海舰队以伤一艘轻巡洋舰，损失一架飞机为代价，赢得了这场海战的胜利。坎宁安十分得意。

1941年4月，北非的德意军队发动了联合攻势，德意从意大利到北非的海上运输也因此非常繁忙，驻马耳他的英国海、空部队并未对其海上运输构成严重威胁，北非的德意军队仍源源不断得到各种作战物资。

为切断德意海上运输，英国海军部决定采取一切措施，下令亚历山大的地中海舰队抽调四艘驱逐舰进驻马耳他岛，甚至计划将"巴勒姆"号旧战列舰沉在利比亚的黎波里港的出海口，以堵塞航道。

4月15日，刚调到马耳他岛的四艘驱逐舰趁尚未被德意军发现，便在马耳他岛航空兵的引导下出海。在克肯纳群岛附近海域与一支意大利运输船队遭遇，这支运输船队由六艘运输船和三艘驱逐舰组成，运载3500吨补给品、300辆军车和3000名德军。

英国军舰在飞机引导下首先发现敌舰，立即开火，英军的首次齐射就命中意军护航舰队的旗舰"塔里格"号驱逐舰，舰桥严重被毁，舰长克里斯托法洛双腿被炸断，稍事包扎后仍坚持指挥战斗，但该舰伤势越来越重，舰艏逐渐下沉，就在即将沉没前，发射的两枚鱼雷击伤了英军"莫荷克"号驱逐舰。另两艘意军驱逐舰也被重创，只得抢滩搁浅，才免于沉没。

随后英国军舰又将三艘运输船击沉，其余两艘运输船也被击伤，被迫自行抢滩搁浅。这是德意军在向北非运送物资人员过程中损失最惨重的一次，运输船队被突如其来的打击打得晕头转向，甚至来不及向海军总部报告，直到第二天一架德军侦察机飞过战场上空才发现受伤舰船，意军这才火速派出七艘驱逐舰、两艘医院船和水上飞机前去救援，救起1300余人。

英军借助5月上旬的坏天气，一支运输船队顺利抵达马耳他岛，运来了急需的食品、弹药和航空燃料。从"皇家方舟"号航空母舰起飞的24架飓风式战斗机也飞抵马耳他，大大加强了马耳他岛的航空力量，凭着这些战斗机，英军顶住了德军的猛烈空袭，马耳他岛渡过了第一个难关。

为了报复英国，德军在强大空军支援下侵入了希腊。希腊和英国部队被迫撤退。英国人被迫面临又一次"敦刻尔克大撤退"。

这次由于没有英国皇家空军阻击德国空军，撤退不得不选择晚上在宽阔的海滩上进行。这次撤退行动损失了25艘舰船，其中包括5艘医疗船，此外，还遗留下了1200名士兵、所有的坦克和其他装备。

由于克里特岛的战略地位重要，英国决定在此坚守，正像他们

经典 全景二战丛书 "皇家方舟"号沉没记

德国伞兵空降克里特岛

守住马耳他岛一样。如果德国人企图靠两栖攻击舰夺取该岛，英国人可能守住。5月21日晚，一支英国巡洋舰编队在克里特岛西侧航行时与驶向克里特岛途中的德国运输船编队相遇，击沉德船15艘，4000多名德军被淹死。

但德国人在战争中正尝试某种新的战术——以空军为先头部队和主要突击力量。主要攻击由530架飞机和100架滑翔机运送的16 000名士兵的实施。另外4000名入侵者采用降落伞空降。这些部队得到了从希腊本土起飞的德国空军强有力的支援，而英国人根本没有飞机支援，仅有几辆坦克，晚间他们再一次被迫撤退。

在支援克里特岛战役中，英国皇家海军损失三艘巡洋舰、六艘驱逐舰和2000人，13艘其他舰船受创，其中包括"厌战"号战列舰、"巴勒姆"号战列舰和"可畏"号航空母舰。德国损失400架飞机和1.7万人，其中包括德国唯一的空降师部队的5000人。英国人在克里特岛的防御实际上解救了马耳他岛。因为继克里特岛战役以后，希特勒拒绝再冒险使用空降兵。

这年6月22日，德国入侵苏联。西西里岛的德军第十航空军随即被调往苏德战场，加之德军在克里特岛登陆战中空降部队损失惨重，已经无力组织对马耳他岛的登陆，所以将夺取马耳他岛的任务交给意大利。尽管此时马耳他岛在经历了数月的猛烈轰炸之后，防御力量已非常薄弱。但意大利根本没有能力实施攻占马耳他岛的登陆作战，意军弱小的空中力量也不可能像德军那样有效地压制马耳他岛，使马耳他岛得到了宝贵的喘息之机。

几个月里，从直布罗陀海峡到亚历山大港的英国护航队，第一次成功地将238辆坦克运到了埃及，英军中东战区总司令韦弗尔将军有了反攻能力，遏止了德国的进攻。

在后来的一年半里，非洲北部的沙漠战争就像一场拉锯战，哪一边得到更多的援助，哪一边就前进一点。

德国隆美尔元帅前进与后退的关键在于马耳他岛及马耳他机场。位于地中海正中间的马耳他岛好像火车中转站，为来往于直布罗陀海峡和亚历山大港之间的英国军舰提供补给。它也正好位于意大利到利比亚的正常航线上。

北非战场上的德军司令埃尔温·隆美尔

英国在马耳他岛的兵力强大时，轴心国的舰船有五分之二被送入海底；而当它弱小时，95%以上的舰船可安全航行。要想加强马耳他岛，只有不断地给它提供飞机以弥补空中格斗和空袭中机场上被毁飞机的损失。为到马耳他岛的货船护航是H舰队和地中海舰队所面临的最危险紧张的任务之一。"皇家方舟"号航空母舰则承载着更多的任务。

隆美尔补给问题中的另一个因素是德军在对苏战役中补给品的需求量日益增长。第二年夏天，猛进的非洲军团再次进入埃及。但是希特勒把计划给非洲的给养拨给了苏联前线。6月份，隆美尔需要6万吨的补给品，但只得到3000吨。所以隆美尔只得命令他的部队在距亚历山大港仅97公里的阿拉曼停了下来。

1941年8月，蒙哥马利将军接手了在埃及的英国地面部队（即第八集团军）的指挥。他决心把预期中的德军在阿拉曼的进攻挡回去，然后转入全面反攻。同时，新型远程鱼雷轰炸飞机在马耳他岛海域的活动，使轴心国的舰船不可避免地遭到攻击，即使远离航线航行也在劫难逃。所以，当隆美尔企图积蓄力量准备重新发动攻势时，他所能得到的补给品几乎不够日常消耗。

隆美尔知道，如果他要成功地攻破阿拉曼，他将不得不在英军的重型加强部队到达之前发起进攻。意大利最高司令部向隆美尔承诺提供大量油料，德国空军也同意每天空运18 927升汽油。

仅仅靠这些承诺，隆美尔就冒险向哈勒法山脊发起了攻击，希望迂回绕过阿拉曼防线。蒙哥马利并不退让，在英国皇家空军对德国的装甲部队进行惩罚的同时，强有力的防御让隆美尔的部队自行消耗。隆美尔得到承诺的柴油和汽油一滴未到，只得停止了攻击。

欧洲战争越发激烈，在战争初期，虽然大多数美国人决定在冲突中保持中立，但是感情上没有中立。总的来说，美国人谴责德国政府的极权主义和侵略政策，德国政府虐待犹太人及其他少数民族的做法，激起了美国人的义愤。虽然美国颁布了"中立法案"，但也没有严守中立。因为根据美国"现金交易和运输自理"政策，英法货船可以从美国运出他们买的物资，而德国的船只却无法通过英国的封锁。

法国的陷落使美国国会清醒地看到了来自海外的威胁，华盛顿非常怀疑英国能否顶得住德国的猛烈进攻。英国皇家海军可能倒向德国的可怕想法，迫使美国考虑建造新型舰船以应不测。国会同意建立两大洋海军，并通过美国历史上第一个和平时期征兵法案。

英国参战以来，适于护航的舰船严重不足，挪威战役和撤退中护航舰船的损失使这种短缺到了极点。为了挽救这个局面，罗斯福总统和丘吉尔首相签订了一项协议，美国向英国提供了美国海军的50艘旧驱逐舰，英国则把从巴哈马群岛到英属圭亚那的六个地方作为基地租给美国99年。英国作为感谢又增加百慕大和纽芬兰两处，租借给美国作为基地。作为回报，美国向英国提供10艘海岸警卫队的快艇，以帮助英国执行反潜任务。

尽管在美国人民中间有强烈的和平要求，美国政府还是开始了没有宣布的对德战争。1940年12月，罗斯福总统提出"租借"建议。根据这个建议，英国船只仍能从美国得到物资，只是"现金交易和运输自理"政策中的"现金交易"部分将被取消。与"驱逐

盟军元帅伯纳德·劳·蒙哥马利

舰—海军基地"交易不同,这项建议要由国会批准。在广泛听取意见后,1941年3月,"租借法案"得到批准。"租借法案"允许美国以租借方式向英国及后来向苏联提供军需品而避开了战争借款的老问题。

接着,英美官员在华盛顿秘密举行会议,签署了《美、英、加参谋长一号协定》,美国海军将协助英国横穿大西洋的护航舰队,并且一旦美国被迫与日本及欧洲轴心国交战时,将主要针对德国作战。这种以"打击希特勒为第一"的原则,是根据德国先进的工业水平、其科学成就和靠近英国的位置及迄今取得的军事上的胜利而作出的。

1941年8月,罗斯福总统与丘吉尔首相以及他们的高级官员在纽芬兰岛秘密会晤。在那里，他们拟出了美国为英国舰船护航的细节，讨论了罗斯福总统提出的"战争以外的一切援助"政策的进一步执行情况，并起草了《大西洋宪章》，阐述战后改善人类利益的目的。

不宣而战的冲突起始于1941年9月4日，当时一艘德国潜艇向美国的"格里尔"号驱逐舰发射了鱼雷，"格里尔"号驱逐舰向该潜艇投放了深水炸弹。双方都没有命中。但是罗斯福总统对德国人攻击的回答是：命令所有美国军舰，只要受到干扰便还击。

为新的任务所准备的中立巡逻队得到了加强和重新组织，并且有了更恰当的番号——美国大西洋舰队。大西洋舰队司令欧内斯特·约瑟夫·金被晋升为海军上将，美国海军开始接替冰岛的英军守备部队。不久，美国海军航空兵巡逻中队从冰岛和纽芬兰起飞，进行空中巡逻。

在这场不宣而战的战争中，第一次流血是在10月7日晚间，一艘德国潜艇的鱼雷击中了一艘正在执行护航任务的美国"卡尼"号驱逐舰。两个星期后，另一艘执行护航任务的美国"鲁本·詹姆斯"号驱逐舰又被德国潜艇击沉。100多名舰员包括全体军官失踪。

作为对这些攻击的回答，美国国会废除了1939年关于禁止美国船只进入战区的"中立法案"，美国商船可以直接把物资运往英国港口。（直到1941年12月7日日本袭击珍珠港后，美国才正式参战。12月11日与日本有战争互助协定的德意向美国宣战,于是,美国也马上向德意宣战。)

★欧内斯特·约瑟夫·金

美国海军五星上将,1901年毕业于安纳波利斯海军学校。"一战"时曾任驱逐舰舰长,"二战"时任大西洋舰队司令。1942年3月至第二次世界大战结束,担任海军作战部部长。在他的影响下,美国在第二次世界大战过程中改变了对战列舰的看法,不再把它看

美国欧内斯特·约瑟夫·金将军

成是海战中起决定作用的舰种,而主张加速建造航空母舰。在美国海军中,曾流传着一句俏皮话,说海军上将欧内斯特·约瑟夫·金"用一管喷火器剃胡子"。

"莱茵演习"计划

1941年5月,在贝格霍夫举行的一次秘密会议上,德国海军元帅雷德尔又挨了希特勒的一顿臭骂。纳粹装甲部队在欧洲大陆正横冲直撞,所向披靡,而海军在夺取挪威之后,却依旧缩手缩脚,没有大的建树。

一连串的失利使雷德尔诚惶诚恐。他卑怯地站在一旁,忍受着希特勒的斥责。直到希特勒口干舌燥之后,他才连连解释,说他已经有所安排,准备采取一次决定性的行动,行动代号是"莱茵演习"。

"莱茵演习"的目的是派"俾斯麦"号战列舰和"欧根亲王"号重巡洋舰前往北大西洋,袭击盟国的护航舰队。1941年年初,"沙恩霍斯特"号战列巡洋舰和"格奈森诺"号战列巡洋舰曾双双出马,一下子就干掉了英国115 600吨商船。对于德国人使用的打了就跑的战术,英国皇家海军似乎一时还无良策。雷德尔细细想过,"俾斯麦"号战列舰比"沙恩霍斯特"号、"格奈森诺"号两艘战列

在德军"欧根亲王"号重巡洋舰上拍摄到的"俾斯麦"号战列舰

巡洋舰本事高强,让它出战,肯定能给英国佬以狠命打击,为战绩不佳的纳粹海军捞回一点面子。

"俾斯麦"号战列舰是一艘超级战列舰。它1935年动工,1940年建成服役。在德国,曾有四艘战舰用铁血宰相的名字命名。第一艘是海防舰,1877年下水;第二艘是巡洋舰,1897年由基尔船厂建造;第三艘于第一次世界大战期间在汉堡下水,但一直没有竣工。第四艘"俾斯麦"号战列舰,它长224米,宽36米,排水量41 700吨。两舷中甲板下装甲厚度320毫米,双层装甲甲板,上层装甲甲板50-80毫米,主装甲甲板80-120毫米(布置在第三甲板位置,与主舷侧装甲一同重叠在弹道上);主炮炮塔130-360毫米,炮座340毫米;指挥塔350毫米;防雷装甲45毫米。它装有8门

381毫米主炮，12门150毫米副炮，16门105毫米高炮和40门机关炮。此外，它还装有6只533毫米鱼雷发射管，4架水上飞机和两部弹射器。最高航速29节，舰员编制2000人。

和"俾斯麦"号战列舰同行的"欧根亲王"号是一艘重巡洋舰。它的命名是为了纪念18世纪原奥地利哈布斯堡王朝的一位将军。战时，有人说它的排水量为10 000吨，实际上，它的排水量超过了14 000吨。它装有8门203毫米主炮，12门103毫米副炮，12具533毫米鱼雷发射管，4架水上飞机和一部弹射器。最大航速32节。

德军"俾斯麦"号战列舰

第三章 "皇家方舟"号显神威

本来,在制定"莱茵演习"计划时,雷德尔没有打算动用"欧根亲王"号重巡洋舰,只是"沙恩霍斯特"号战列巡洋舰主机发生故障,"格奈森诺"号战列巡洋舰在不来梅港又挨了几颗英国飞机投下的穿甲弹,才让它仓促上阵。"欧根亲王"号重巡洋舰需要修理,"俾斯麦"号战列舰的行期,由此一度后推。

两舰挺进北大西洋,这是一个好时机。此刻,德军攻占南斯拉夫,正渡过瓦尔达尔河,向南推进;纳粹机械化部队长驱直入,进逼希腊,英军残部逃向了大海。地中海南岸,沙漠之狐隆美尔的非洲兵团兵分四路,从昔兰尼加海岸压向英军防线。希腊人的最后一个立足点克里特岛腹背受敌,不日便可攻克。英国皇家海军疲于奔命,已将把守北大门的部分舰只调去增援地中海。

"莱茵演习"舰队司令刚瑟·吕特晏斯曾经率领"沙恩霍斯特"号战列巡洋舰、"格奈森诺"号战列巡洋舰攻杀过盟国商船。他详细研究了北大西洋的形势。他认为,尽管地中海方向吃紧,英国人也不会从斯卡帕湾抽走大批舰只。

他提醒雷德尔,只派两艘军舰出击太危险,如果英国皇家海军集中大西洋上的兵力,"俾斯麦"号战列舰将会遭到五六艘战列舰的围攻,且不说航空母舰、巡洋舰和驱逐舰,即使和两三艘战列舰交战,"欧根亲王"号重巡洋舰也不是理想的帮手。他忧虑重重,特意赶到柏林,向雷德尔陈述了自己的意见,希望再次推迟"莱茵演习"计划,以便和"沙恩霍斯特"号战列舰、"格奈森诺"号战列巡洋舰两舰结伴同行。

雷德尔拉长了脸，一口回绝了吕特晏斯。他强调不可坐失战机，英国在地中海上苟延残喘，只有趁势卡断其补给线，方是上策。吕特晏斯遵令备航。

5月19日，"俾斯麦"号战列舰和"欧根亲王"号重巡洋舰由两艘驱逐舰与几艘扫雷舰开道，悄悄驶出了格丁尼亚港。20日，吕特晏斯出波罗的海，穿过卡待加特海峡和斯卡洛拉克海峡，然后转向，沿挪威海岸北上。21日黎明，他率舰队溜进了博尔根港东南浓雾弥漫的科尔斯峡湾。

吕特晏斯的对手是英国本土舰队新任司令约翰·托维海军上将。

5月初，托维收到报告，在格陵兰岛和扬马延岛之间发现了德国侦察机。这是一种少见的现象。他认定，德国飞机调查这片水域预示了某种举动，十之八九是雷德尔想派舰只杀入北大西洋。他一直密切监视着冰岛两侧的广阔水域，在流冰拥塞的丹麦海峡，"萨福克"号重巡洋舰正日夜巡逻。他又收到伦敦海军部发来的电报，英国特工人员发现一支德国舰队出海了。他当即采取行动，加派"诺福克"号重巡洋舰前往丹麦海峡。同时，还派出侦察机直飞挪威海岸，去打探德国军舰行踪。

大雾笼罩着科尔斯峡湾，德国军舰隐藏在锚地内。一架飞机勇敢俯冲，钻出雾障，拍下了博尔根港。几小时后，情报军官对放大的航空照片进行了判读：敌兵力为一艘"俾斯麦"级战列舰和一艘"希佩尔"级巡洋舰。他们的分析是准确的，"希佩尔"号重巡洋舰是"欧根亲王"号重巡洋舰的姊妹舰。

托维作出了决断：如果德国军舰躲进挪威峡湾，虎视北大西洋的护航舰队，他就得抽出重兵，时刻监视其动向；如果德国军舰想突破封锁，驶向北大西洋，他就必须倾其全力，围歼强敌。在托维办公室的一幅大海图上，已绘出了11支护航舰队的航线。其中一支代号叫"WS8B"，负责运载两万名英军，前往地中海。运输队由"反击"号战列巡洋舰、"胜利"号航空母舰和七艘驱逐舰护航，正行驶在爱尔兰海岸的克莱德湾。

从地中海战场的情况看，托维判断德国军舰是想打击这支运输队。为此，托维决定派英国皇家海军最为珍视的"胡德"号战列巡洋舰和"威尔士亲王"号战列舰前往丹麦海峡，支援"萨福克"号重巡洋舰和"诺福克"号重巡洋舰。

"胡德"号战列巡洋舰满载排水量42 100吨，航速31节，装有8门381毫米主炮，可与"俾斯麦"号战列舰抗衡；"威尔士亲王"号战列舰刚刚服役，它排水量38 000吨，航速30节，装有10门356毫米主炮。和两舰一道出击的还有几艘驱逐舰。托维还派"阿里休斯"号、"伯明翰"号和"曼彻斯特"号三艘轻巡洋舰前去搜索法罗群岛和冰岛之间的水域；让"胜利"号航空母舰和"反击"号战列巡洋舰脱离护航舰队，赶到斯卡帕湾和主力部队会合，以随

经典 全景二战丛书 "皇家方舟"号沉没记

英国"威尔士亲王"号战列舰

时策应两支先遣部队。

22日下午，奥克尼群岛哈特斯通海军航空兵基地派了架侦察机起飞，侦察员是经验丰富的罗瑟拉姆中校。飞机横穿北海，钻出浓雾，冒着高射炮火冲进博尔根港。罗瑟拉姆大吃一惊：德国军舰不见了。22点，托维收到了侦察机的报告。23点45分，他就率领本土舰队驶出了斯卡帕湾。这时的兵力编成为："胜利"号航空母舰、"加拉蒂"号巡洋舰、"奥罗拉"号巡洋舰、"肯尼亚"号巡洋舰、"赫尔米厄尼"号巡洋舰和七艘驱逐舰。23日晨，待"反击"号战列舰和几艘驱逐舰入列后，他即率队加速西行，企图抢占冰岛和奥克尼群岛之间的中心位置，截杀德国军舰。

此时，吕特晏斯正在向西推进。距博尔根180海里时，他命令护航舰只返回挪威。按行动计划，在突入丹麦海峡之前，两舰应由油船加油。但是，海面尽管大雾弥漫，英国飞机的活动却十分频繁。这表明，英国人已经有所觉察，托维肯定在调兵遣将，吕特晏斯唯有抢时间，做到出其不意，才能突破封锁。他决定兼程赶路，把补给燃油的事留待以后再说。

23日晨，德国军舰跨过了北极圈，沿冰岛北缘行驶。傍晚，两舰转向南行，进入丹麦海峡。海峡最窄处宽约180海里，格陵兰岛一侧流冰拥塞，冰岛一侧布有水雷场。

海空黑沉沉的，吕特晏斯小心翼翼地向前行进。当两舰进入英国巡洋舰的巡逻水域时，厚实的夜幕渐渐松散，天空中露出了怪异的微光。他不敢怠慢，赶忙通知"俾斯麦"号战列舰舰长林德曼和"欧根亲王"号重巡洋舰舰长布林克曼，做好战斗准备。两舰警报大作，酣睡的水兵抓起救生衣直奔战位。

"俾斯麦"号战列舰关闭了所有水密门，大炮转动，726公斤穿甲弹被推进炮膛。医生和担架兵跑进医院，准备接收伤员。上层建筑顶部，测距兵像猎手似的，试图一眼就抓到目标。22点15分，瞭望员透过若明若暗的天幕，发现了一团模糊的影子。吕特晏斯当即命令主炮转向左舷，准备射击。28分，"俾斯麦"号战列舰开火。甲板猛烈地颠动起来，将三颗重磅炸弹射入夜空。一股股刺鼻的火

德国刚瑟·吕特晏斯海军上将

药味钻进了舰桥，气浪涌上了瞭望哨位。

吕特晏斯手举双筒望远镜，一动不动地死盯着远方的英国巡洋舰。英国军舰近旁，升起了一道道白色水柱。突然，英国军舰舰艉蹿起一团黑烟，如同一块乌黑的帷幕遮住了一切。几分钟后，电讯部门报告：英国军舰在拍发电报。

吕特晏斯心绪不宁，他走到驾驶台前告诉林德曼：敌舰施放烟幕，企图尾随，由于对手忙着护航，这片水域没有重兵把守，战列舰应继续南下。他完全没有料到英国本土舰队已经倾巢出动，霍兰德海军中将正带领"胡德"号战列巡洋舰和"威尔士亲王"号战列舰，率先从左侧斜杀过来。

根据托维的命令，霍兰德准备前往丹麦海峡占取阵位。一收到"诺福克"号重巡洋舰和"萨福克"号重巡洋舰的电报，航海官就在海图上绘下了德国军舰的位置。霍兰德下令"胡德"号战列巡洋舰和"威尔士亲王"号战列舰加速至27节，直奔冰岛雷克雅未克西南300海里水域，打算在天亮后截住吕特晏斯。

当夜风雨交加。24日3点，晨空微亮，两个小时后雨住天晴，能见度大约为15海里。这是一个阴冷的早晨。5点50分，作战双方几乎同时发现目标。吕特晏斯下令开火，"俾斯麦"号战列舰炮塔塔顶上的冻冰被震破，像碎玻璃片似地四下乱飞。英国"胡德"号战列巡洋舰在前，"威尔士亲王"号战列舰殿后，巨大的暗影上冒出了点点橘红色的闪光。穿甲弹冲破寒空，在"俾斯麦"号战列

经典 全景二战丛书 "皇家方舟"号沉没记

"俾斯麦"号战列舰炮击"胡德"号战列巡洋舰

舰的周围炸起了无数褐色的水柱。5点52分，吕特晏斯向柏林报告：我舰正与两艘敌舰交战。霍兰德拥有8门381毫米炮和10门356毫米炮，火力上占有明显优势。

　　但是，临战态势对吕特晏斯有利。德国军舰由北向南，可用全舷火炮齐射，英国军舰由东向西，头对德国军舰，只能用艏炮还击，这差不多减少了一半火力。战斗激烈异常，"胡德"号战列巡洋舰又调出艏炮轰击"欧根亲王"号重巡洋舰，结果使火力更加分散。

5点57分，霍兰德命令舰队转向，以便艉炮开火。这时，"俾斯麦"号战列舰进行了第二次齐射，一颗重磅穿甲弹发出凄厉的尖叫声，击中了"胡德"号战列巡洋舰中部的高炮弹药箱，使甲板上顿时成了一片火海。"威尔士亲王"号战列舰赶紧转向，躲开了"胡德"号战列巡洋舰的航迹。

双方距离12海里，"俾斯麦"号战列舰进行第三次齐射。一颗炸弹撕开"胡德"号战列巡洋舰的厚装甲，穿透六层甲板，沿着没有防护的狭窄通道，一直落到炮塔底下的弹药舱里。300吨高爆炸药被引爆，"胡德"号战列巡洋舰中部被扯开，海水疯狂地冲进舱内。战舰迅速下沉。主甲板浓烟滚滚，烈焰吞噬着上层建筑。

"胡德"号战列巡洋舰成了一个烧焦的空壳，当黑里透黄的硝烟刚刚散开的时候，这艘名冠一时的战列巡洋舰已经倾覆沉没。全舰1419名官兵，除三人外全部殉难，其中包括先遣舰队司令霍兰德海军中将。

★ "胡德"号战列巡洋舰

"胡德"号战列巡洋舰采用英国海军传统的长艏楼船型，动力系统首次采用新型小水管锅炉，效率提高，试航时最高航速达到32节。主炮沿用当时英国海军战列舰装备的381毫米口径火炮，4座双联装主炮塔各两座。采用半封闭式炮塔的副炮位于露天甲板之上的甲板室两侧舷，位置距离水线较高，避免了高速航行时，受恶劣海浪的影响。

"胡德"号战列巡洋舰于1918年8月下水，于1920年5月5日完工服役。完工时标准排水量41 200吨，成为当时世界上最大的主力战舰。

第四章
"皇家方舟"号的辉煌——绝杀德国王者"俾斯麦"号

英军的追击行动

"胡德"号战列巡洋舰爆炸后,"俾斯麦"号战列舰立即掉转炮口,用全部主副炮轰击"威尔士亲王"号战列舰。"威尔士亲王"号战列舰的一座四联装大炮弹链被卡死,火力大减。这时,距离已缩小到九海里,它又连续挨了四颗重磅炸弹和几颗小炸弹。一颗击中舰桥,舰桥内的人员非死即伤,一颗击中了火控指挥室,将它的

"胡德"号战列巡洋舰起火爆炸瞬间

后壁戳了一个大洞。利奇舰长盲目还击，只有少数几次瞄准了目标。最后，他下令施放烟幕弹，避开强大的对手，撤离了战场。

吕特晏斯射出最后一发炮弹后，即令林德曼查明"俾斯麦"号战列舰的受损情况。不一会儿，林德曼报告："俾斯麦"号战列舰中了两颗356毫米穿甲弹，一颗击中了2号锅炉舱，一颗钻进舰艏，击穿了2号燃油舱。

首战告捷，吕特晏斯十分得意。当"威尔士亲王"号战列舰从视野中消失后，他赶忙向雷德尔拍出了邀功电：柏林，海军总司令部。英国"胡德"号战列巡洋舰被我部击沉。一艘战列舰受创逃跑。有两艘巡洋舰在尾随盯梢。

吕特晏斯背着双手在舰桥内踱步，等候着损管队的消息。装配工、焊工、电工、机修工个个手忙脚乱，在进行抢险堵漏。然而，"俾斯麦"号战列舰舰艏的破洞就像被波斯王的长矛戳穿了似的，难以愈合。燃油从舷侧外溢，海面上漂起了一条光闪闪的长带。他走到舰桥左侧，凝视着越拖越长的油迹，仿佛自己的动脉被人割破，感到一阵虚脱。

这个破洞不仅白白葬送了2号舱的200吨燃油，而且还会招惹是非，暴露战舰的行踪。

7点30分，"俾斯麦"号战列舰微微倾斜，速度减至28节。鉴于这种情况，吕特晏斯重新分析了形势："俾斯麦"号战列舰立有奇功，已成了一艘举世瞩目的无畏舰，再用它来袭击商船，未免目

经典 全景二战丛书 "皇家方舟"号沉没记

德国"欧根亲王"号重巡洋舰

标太大。英国皇家海军是决不会轻易放过它的。它即使躺在干船坞里，也照样能牵制住大批英国军舰，对盟国的护航舰队构成严重威胁。为此，8点01分，吕特晏斯作出抉择："俾斯麦"号战列舰放弃"莱茵演习"计划，前往比斯开湾的圣纳泽尔养伤。

其后几小时，吕特晏斯感到无所畏惧。天气预报说，南部海区有暴风。他很快拟定了下一步行动方案。"俾斯麦"号战列舰保持原航向，驶进暴风区，然后突然转向东行，甩掉尾追不舍的两艘英国巡洋舰，"欧根亲王"号重巡洋舰继续南下，袭击商船；同时，让在邻近水域活动的七艘潜艇组成巡逻线，拦截追来的英国舰只。当抵近法国海岸后，再由"飞狼"提供空中保护。

第四章 "皇家方舟"号的辉煌——绝杀德国王者"俾斯麦"号

傍晚，西北风咆哮着刮过格陵兰冰原，在洋面上卷起了滔滔白浪。"俾斯麦"号战列舰上空乌云压顶，瞬间大雨倾盆。这时，机电部门长报告说：战舰再高速南行，到圣纳泽尔恐怕燃油不够。吕特晏斯听后闷闷不乐。他告诉林德曼，"俾斯麦"号战列舰可以改驶布勒斯特，这样比到圣纳泽尔要近120海里。

林德曼在海图上重绘了一条航线，然后下令左舵。

在"俾斯麦"号战列舰独自东进的时候，托维海军上将连续收到"诺福克"号重巡洋舰和"萨福克"号重巡洋舰拍来的报告。一张巨网在收缩，托维坐镇"英王乔治五世"号战列舰，在"俾斯麦"号战列舰东北方向150海里处火速追来，所辖兵力有"反击"号战列巡洋舰、"胜利"号航空母舰、四艘巡洋舰和十艘驱逐舰。

"俾斯麦"号战列舰已落入重围，在它东边有"罗德尼"号战列舰，北边有布置在冰岛和奥克尼群岛之间的三艘巡洋舰，南边有"雷米利斯"号战列舰和两艘巡洋舰，西边有"复仇"号战列舰。此外，由萨默维尔海军中将统帅的H舰队，辖"声望"号战列巡洋舰、"皇家方舟"号航空母舰、"谢菲尔德"号轻巡洋舰和数艘驱逐舰，也奉令驶离直布罗陀海峡，正日夜兼程北上。

为了使德国军舰减速，让它落入英国军舰大炮的射程，托维命令几艘巡洋舰掩护"胜利"号航空母舰加速先行。在这一海域，日照要延迟到子夜。22点10分，"胜利"号航空母舰距"俾斯麦"号战列舰大约120海里，博维尔舰长命令蒙德海军少校率领机队出击。"胜利"号航空母舰转向迎风行驶，在几架管鼻燕式战斗机的掩护下，九架剑鱼式鱼雷机顶着疾风冒雨起飞。

23点27分，蒙德少校透过云隙，找到了猎物。英国飞机试图穿云而下，但翻滚的阴云忽开忽合，突然间又遮住了"俾斯麦"号战列舰。英国飞机只好西飞，在"萨福克"号重巡洋舰和"诺福克"号重巡洋舰上空掉过头来，准备重新进入。

几分钟后，剑鱼式鱼雷机降下高度，朝"俾斯麦"号战列舰英勇逼近。德国军舰猛烈开炮，曳光弹满天飞舞。蒙德少校冒雨前冲，一直到离目标只有半海里时，才朝黑乎乎的庞然大物投下鱼雷。有两架管鼻燕式飞机中弹起火，拖着尾烟栽进了大海。

这时，一架剑鱼式飞机从右舷方向独自发起了攻击。大雨落在发烫的炮筒上，嘶嘶地散发起团团水蒸气。水蒸气挡住了炮手的视线。鱼雷隐身在起伏的波涛下，趁机冲向"俾斯麦"号战列舰，击中了它的右舷中部。

吕特晏斯处境不妙。剑鱼式鱼雷机的攻击表明，托维的本土舰队就在附近水域，而"俾斯麦"号战列舰燃油短缺，不能高速行驶。吕特晏斯想甩掉尾巴，和英国人在海上捉迷藏，但这样做又相当不易。他苦思冥想，最终才想出一条脱身妙计。

自从击沉"胡德"号战列巡洋舰后，"俾斯麦"号战列舰就收到了两艘英国军舰的雷达回波。由于害怕遭到潜艇伏击，英国"诺

第四章 "皇家方舟"号的辉煌——绝杀德国王者"俾斯麦"号

福克"号重巡洋舰和"萨福克"号重巡洋舰走的是"Z"字航线。当它们处在"Z"字的两端时,"俾斯麦"号战列舰上的雷达回波就消失了。25日3点06分,雷达屏幕上只出现了"萨福克"号重巡洋舰的回波。"萨福克"号重巡洋舰刚驶到转折点,吕特晏斯突然下令右舵,让"俾斯麦"号战列舰先绕一个大圈,在相当远的距离上,从两艘英国军舰的尾部方向穿过,折向东进。

"萨福克"号重巡洋舰和"诺福克"号重巡洋舰的雷达荧光屏上一片空白,他们慌忙向托维报告。托维判断,雷达失去目标原因

剑鱼式鱼雷机向"俾斯麦"号战列舰投放鱼雷

有三：气象干扰，工作失误，或德国军舰突然转向。这三条，以德国军舰改变航向的可能性最大。于是，托维命令各部队全力搜索，力求尽快重新捕捉到"俾斯麦"号战列舰。

"萨福克"号重巡洋舰和"诺福克"号重巡洋舰右舵，离开原航线，向西南搜索，结果和"俾斯麦"号战列舰背道而驰。托维一直南追到8点，"英王乔治五世"号战列舰懵懵懂懂，向南行进了100海里。就在这当儿，英国海军部截获了吕特晏斯发往柏林的电文，监听员查证了"俾斯麦"号战列舰的方位。当托维收到海军部传来的报告时，他不禁大吃一惊：看来，"俾斯麦"号战列舰是要逃回挪威的博尔根，10点47分，他下令各搜索舰只掉头北上。

岸基飞机奉命起飞，频频搜索冰岛和法罗群岛之间的开阔水域。驱逐舰纷纷出动，堵死了水道南侧德国军舰的必经航道。可是，一连折腾了几个小时，也没有见到德国军舰的影子。这时，"英王乔治五世"号战列舰上值更参谋换班，上班参谋发现，前班绘制的航线有误，"俾斯麦"号战列舰没有北进，它仍留在南部水域。

托维闻报大怒，他下令舰队转向120°，向东南方向疾驰。

入夜，托维辗转难眠。由于燃油不够，驱逐舰只已出列驶向冰岛基地，"反击"号战列巡洋舰也离队回航，追击眼看就要被迫停止。就在他垂头丧气的时候，26日10点30分，一架卡塔林娜式水

第四章 "皇家方舟"号的辉煌——绝杀德国王者"俾斯麦"号

上飞机传来了好消息。在比斯开湾内,它发现"俾斯麦"号战列舰在逃向法国海岸。

托维精神大振,命令航海官在海图上绘出了"俾斯麦"号战列舰的位置。眼下的态势是:本土舰队在德国军舰西北方向130海里,已经毫无希望追上;"罗德尼"号战列舰在北,"复仇"号战列舰在西,"雷米利斯"号战列舰在南,也都鞭长莫及。能够从东插入,拦住吕特晏斯的,就只有萨默维尔统领的H舰队了。

H舰队破浪北驶,11点赶到"俾斯麦"号战列舰前方100海里处,切断了吕特晏斯的去路。萨默维尔明白,在这场大追击中,他已从偏师升格为主力,如果堵截失利,英国皇家海军就只得灰溜溜地返航,蒙受一次奇耻大辱。所以,在"声望"号战列巡洋舰舰桥上,他一收到托维的电报,便派出了两架侦察机,顶着大风起飞。

两架侦察机及时赶到了预定水域,那架卡塔林娜式水上飞机恰巧被德国军舰炮火击伤,正要撤走。两架侦察机躲在火炮射程外,在"俾斯麦"号战列舰上空盘旋,定时拍发着舰位报告。由于担心天气变坏,飞机会失去目标,13点15分,萨默维尔又让"谢菲尔德"号轻巡洋舰出列先行,以便用雷达盯住对手。

这时,萨默维尔对付"俾斯麦"号战列舰有两套办法。一是按照传统战术,让"声望"号战列巡洋舰和六艘驱逐舰冲上去,进行决死炮战;二是启用"皇家方舟"号航空母舰,让飞机缠住吕特晏斯，待大部队赶到后，再围而歼之。

萨默维尔果断地选择了后者。14点50分，他命令"皇家方舟"号航空母舰舰长洛本·蒙德立即出动鱼雷机，进行空袭。

蒙德没有接到"谢菲尔德"号轻巡洋舰离队先行的通知，他告诉飞行员，"俾斯麦"号战列舰就在前方海域。14架剑鱼式鱼雷机冒着大风，从跌宕起伏的飞行甲板上依次腾空。40分钟后，飞机发现了目标。机队进入攻击航向，透过薄薄雾霭，战舰的灰色轮廓隐约可见。机队拉下高度，从不同的角度，朝目标投下了鱼雷。

英国"谢菲尔德"号轻巡洋舰

第四章 "皇家方舟"号的辉煌——绝杀德国王者"俾斯麦"号

"敌"舰没有开炮射击，飞行员个个惊诧不已。当他们准备拉高飞走时，才发现自己攻击的是"谢菲尔德"号轻巡洋舰！好在这些鱼雷不是被军舰躲过，就是因磁性引信被海浪引爆，没有对军舰造成损失，避免了一场误击悲剧。一架飞机向"谢菲尔德"号轻巡洋舰发出信号说，"敬了你一条鳟鱼，真对不住！"鱼雷机只好悻悻地返回航空母舰。

★ "南安普敦"级轻巡洋舰

"南安普敦"级轻巡洋舰是英国在二战前最后一级按照《伦敦条约》设计建造的巡洋舰。他们符合1930年《伦敦条约》巡洋舰排水量9100吨的限制。武备装有四座三联装152毫米主炮，4座双联装102毫米副炮，共建有五艘，按建造时间分别是"纽卡斯尔"号、"南安普敦"号、"格拉斯哥"号、"谢菲尔德"号和"伯明翰"号。

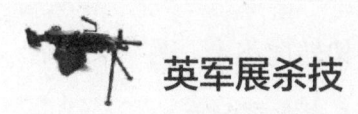

英军展杀技

一个意想不到的事件差一点使萨默维尔的如意算盘全部告吹。U-556潜艇正奉令向"俾斯麦"号战列舰靠拢，已在邻近水域进行巡逻。19点48分，它发现了"声望"号战列巡洋舰和"皇家方舟"号航空母舰。两舰没有走反潜"Z"字航线，驱逐舰也未屏护两翼。它进入攻击阵位，跃跃欲试。但是，该潜艇的鱼雷早已全部用光，只有眼睁睁地看着英国军舰大模大样地向前行驶。它溜到了"声望"号战列巡洋舰和"皇家方舟"号航空母舰的中间，发现航空母舰在进行起飞准备。

第二批飞机共15架，它们改挂触发引信鱼雷，重返长空。天色越来越暗，时有暴雨，飞机三三两两，成小股飞行；在"谢菲尔德"号轻巡洋舰的引导下，他们很快找到了目标。20点55分，战斗开始。"剑鱼式"鱼雷机钻出云层，冒着炽烈的炮火，从两舷同时猛攻。

"俾斯麦"号战列舰上炮声震耳欲聋。小口径机关炮、104毫米高炮劈劈啪啪，如炒爆豆一般。舰长林德曼大声下达指令，战列舰忽左忽右，躲避着英国飞机投下的一条条鱼雷。

吕特晏斯站在舰桥内，观看炮手和英国飞机较量。在"俾斯麦"号战列舰右舷前方半海里处，一架飞机中弹起火，一架负伤逃跑；另外两架钻进了云层，在高空盘旋。当他们穿云而下，再次冲向巨舰时，结果又遭到炮手迎头痛击，一架转向飞走，另一架拖着浓烟坠海。一时间，天空中没有飞机，炮手停止了射击。

忽然，吕特晏斯又听到了轰鸣声，几架飞机一拥而上逼近了"俾斯麦"号战列舰。"俾斯麦"号战列舰大转弯，但为时太晚，一条鱼雷冲向舰艉，"轰"的一声命中目标。

第四章 "皇家方舟"号的辉煌——绝杀德国王者"俾斯麦"号

"俾斯麦"号战列舰猛地一抖,接着摆头,偏离了原航向。半小时后,机电部门长报告了伤势:左螺旋桨被炸坏,碎片卡住了舵机,舵舱大进水。林德曼一边增大左舷螺旋桨转速,一边让右舷螺旋桨减速,试图控制住"俾斯麦"号战列舰。但巨舰凭借惯性,又一股劲地右摆。林德曼无可奈何,又让一台舷外推进器减速,一台增速来纠正偏差。就这样,"俾斯麦"号战列舰忽左忽右地行驶起来,如同一条巨大的水蟒,缓缓游向法国海岸。

22点30分,五艘英国驱逐舰从西北方向赶来。一艘驱逐舰奋

德国"俾斯麦"号战列舰舰长奥托·恩斯特·林德曼海军上校

勇争先，企图引开"俾斯麦"号战列舰的火力，让其余四艘抵近进行鱼雷攻击。望着一艘艘冲上来的驱逐舰，林德曼下令开火。英国军舰螺旋穿行，躲开了愤怒狂射的一发发重磅炸弹。吕特晏斯眼瞅着驱逐舰群插到了南侧，仿佛是几条可怕的鲨鱼，围上了一只垂死的巨鲸。"俾斯麦"号战列舰又猛烈颤抖起来，受损的左螺旋桨再次减速。接着，它身不由己地兜起了圈子，在原地打起转来。

吕特晏斯失去了逃往法国海岸的一切希望。当夜，他以"莱茵演习"计划舰队司令的名义，向柏林拍发了诀别电：我舰无法操纵，已被"声望"号战列巡洋舰等舰包围……我们将战至最后一弹。

27日凌晨，驱逐舰群冒着密集炮火，再度向"俾斯麦"号战列舰发起冲锋。一颗鱼雷击中了装甲带，一颗鱼雷击中艏部。破片飞上甲板，点燃了2号油舱飞溅的燃油。"俾斯麦"号战列舰上火苗点点，冷风吹来忽闪忽灭，如同出殡时点的丧灯。

7点22分，太阳升起。"俾斯麦"号战列舰距布勒斯特400海里，正以10节航速，向北行驶。吕特晏斯和林德曼伫立在舰桥内，两人眼窝深凹，神情沮丧，对全速追来的英国舰队，一筹莫展。

一小时后，12海里处露出了"英王乔治五世"号战列舰的桅杆，旁边还有"罗德尼"号战列舰。8点47分，"罗德尼"号战列舰的406毫米主炮首先开火，第一次齐射就在"俾斯麦"号战列舰近舷

第四章 "皇家方舟"号的辉煌——绝杀德国王者"俾斯麦"号

掀起了 50 米高的水柱。紧接着,"英王乔治五世"号战列舰的 6 门 356 毫米主炮也喷出了耀眼的火光。"俾斯麦"号战列舰困兽犹斗,集中还击"罗德尼"号战列舰。可是,由于舵机失灵,战舰航向不定,炮手难以瞄准。

这时,托维下令南驶,炮手趁机修正了射击距离,连连齐射。重磅穿甲弹像暴雨一样倾泻过来,撕开了"俾斯麦"号战列舰的舰壳。"俾斯麦"号战列舰的蒸汽管路被炸断,机舱内气浪翻腾,漆

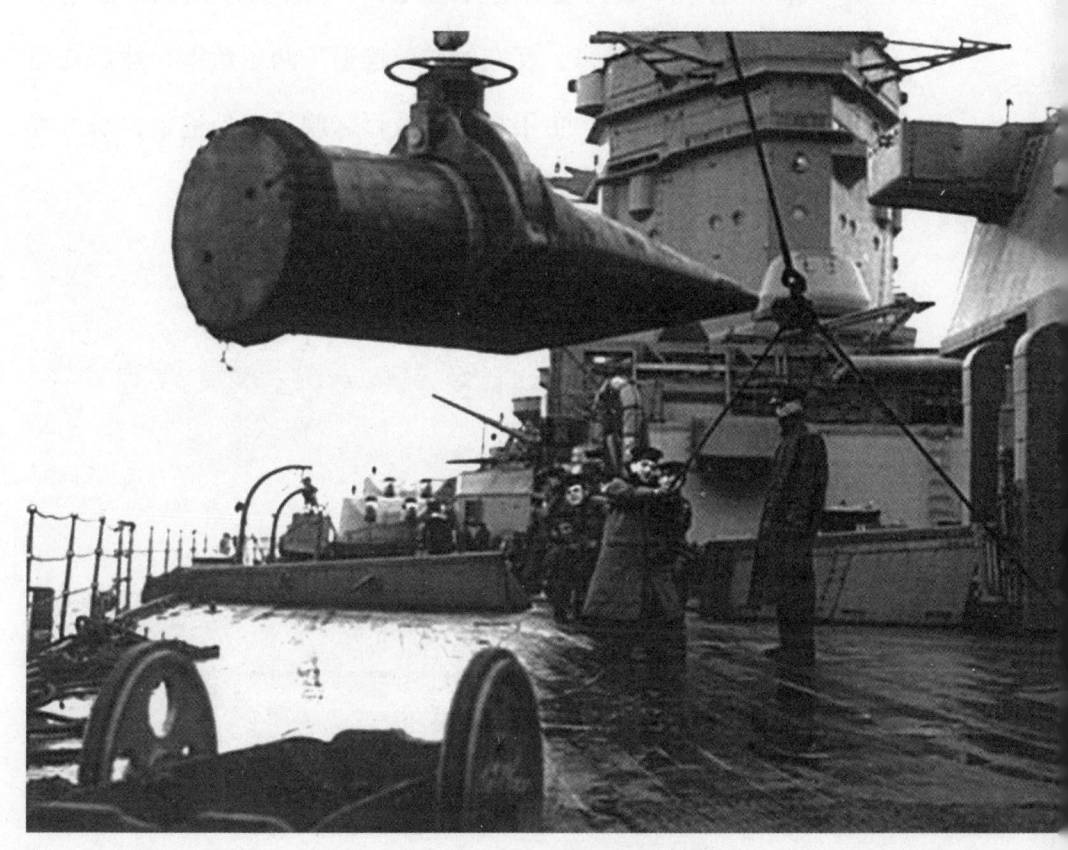

英国战列舰水手给主炮吊装炮弹

黑一团,烈焰蹿出下甲板,四下蔓延,海水涌进了底舱。

9点30分,托维又下令掉头北驶。"俾斯麦"号战列舰上烈火熊熊,已完全失去了原来的模样。烟囱、桅杆被掀翻,浓烟四起。一座炮塔顶盖被炸飞,炮口高抬,一座被炸得歪七扭八,炮口低垂。"俾斯麦"号战列舰百孔千疮,开始下沉。

10点许,大浪扑上了主甲板。"英王乔治五世"号战列舰和"罗德尼"号战列舰快速接近,毫不留情地朝它进行炮击。15分钟后,"俾斯麦"号战列舰上的大炮沉默了。10点25分,"多塞特郡"号重巡洋舰从东驶来,朝它的右舷连射了两条鱼雷,然后绕到左舷,再射了一条鱼雷。主甲板上,数百名舰员四处逃窜,纷纷跳

英国"英王乔治五世"号战列舰

海。10点36分,"俾斯麦"号战列舰桅杆上高高飘扬的纳粹旗,终于卷入了北大西洋冰冷的波涛中。

6月1日深夜,"欧根亲王"号重巡洋舰在海上晃荡了几天之后,提心吊胆地溜进了布勒斯特。最终,"莱茵演习"计划以纳粹惨败而告终。

斩杀"俾斯麦"号战列舰让H舰队司令萨默维尔名声大噪,"皇家方舟"号航空母舰的声望也到达了顶峰。

萨默维尔,是一位相当传奇的将领。

1882年7月17日,萨默维尔出生于新西兰一位乡绅之家。他在15岁的时候,参加了英国皇家海军,他和坎宁安是在学习期间认识的,他们之间的友谊经常被世人称道。在第一次世界大战期间,由于出色的表现,作为一名无线电军官在本土舰队服役的萨默维尔被任命为普利茅斯海军无线电学校的教员。随后他被调往地中海舰队出任"阿贾克斯"号战列舰的大副。在这一过程中,萨默维尔由一个腼腆的军校男孩转变成一位勇敢果断的指挥官。

萨默维尔经常由于"没有教养的幽默"而被指责,但是他依旧我行我素,广大的水手都接受他的个性。1924年由于患病,他回到英格兰,担任海军信号学校的校长。在任职期间,他对雷达的发展起到了巨大的作用。萨默维尔也曾经在驱逐舰分队担任司令。在1937年,他被提升为中将,率领英国皇家海军东印度舰队。第二次世界大战爆发后,萨默维尔率领H舰队驻扎在直布罗陀海峡,在地

경典 全景二战丛书 "皇家方舟"号沉没记

英国"罗德尼"号战列舰

中海上与他的老朋友坎宁安并肩战斗。

后来，法国投降了，根据丘吉尔的命令，萨默维尔对驻扎在奥兰的法国舰队进行了袭击，在这次袭击行动中，有1147名法国士兵伤亡。其后，由于戴高乐的估计错误，萨默维尔指挥达喀尔的登陆行动失败。

1940年11月，萨默维尔在从直布罗陀海峡向马耳他岛护航过程中，遇到了意大利的一支舰队，双方开火。很快，H舰队获得了明显的优势，但是萨默维尔并没有继续追击，因此意大利舰队得以逃脱,然而,萨默维尔成功地护送运输队到达了马耳他岛。

当H舰队回到基地后,丘吉尔任命了一个委员会来调查这一事件。委员会最后作出了有利于萨默维尔的结论,这使他得以继续率领H舰队。萨默维尔有时独断专行,并且和丘吉尔的个人恩怨很突出,终于为丘吉尔所不容——在对沙璜港和苏门答腊岛进行了两次袭击之后,萨默维尔被调离一线,就任英国皇家海军驻华盛顿首席代表。

围歼"俾斯麦"号战列舰成功之后,立下头功的H舰队载誉返回直布罗陀海峡。旗舰"声望"号战列巡洋舰进港时一个陆军士兵在港内高喊:"这么说,整个海军一起上场才干掉'俾斯麦'号战列舰?"萨默维尔回复道:"是一半海军。因为另一半人正把你们这些人从克里特岛救出来。"

"俾斯麦"号战列舰的覆没宣告了德国人用主要水面战斗舰艇袭击远洋商船的终结。"欧根亲王"号重巡洋舰的海上行动已毫无作为,它设法安全抵达布勒斯特港,加入"沙恩霍斯特"号战列巡洋舰和"格奈森诺"号战列巡洋舰的行列。德国海军元帅雷德尔正等待着希特勒作出判决,而随着德国潜艇战的加强,邓尼茨这颗明星又开始升起了。

卡尔·邓尼茨是第二次世界大战中最阴毒的"狼",他的"潜艇战术"让盟军遭受了巨大的损失。

邓尼茨于1891年9月16日生于柏林近郊小镇格林瑙,青年时应征加入德意志帝国海军，第一次世界大战爆发后，邓尼茨跟随"米迪里"号轻巡洋舰参与对俄国的战斗，累积实战经验。1916年3月22日，邓尼茨晋升为中尉，之后被派往加里波蒂作为飞机观察员。同年10月，邓尼茨转入德国海军潜艇部队。1918年2月，担任UC-25潜艇的艇长，击沉五艘运输船，获得骑士十字勋章。第一次世界大战结束后，在《凡尔赛条约》的限制之下，德国仅能拥有规模非常小的海军，不能拥有潜艇，且海军人员仅有1500人，邓尼茨以中尉的身份作为魏玛共和国国家海军中的T-157鱼雷艇艇长。1935年，德国和英国签署《英德海军协定》后，德国已能拥有潜艇部队，邓尼茨回到潜艇部队服役，并晋升为上校。此后，邓尼茨倾心研究潜艇战术，利用第一次世界大战的经验与外国合作，私下研究潜艇和训练潜艇人员，复苏德国潜艇力量。当时的德国海军学说建立在美国军事家阿尔弗雷德·马汉的理念上，主张综合运用潜艇和水面舰艇一起打击敌人舰队。

邓尼茨相信，大规模的通商破坏战（即"破交战"）是可行的，特别是对德国海军的主要对手——英国皇家海军，他认为必须将德国海军的舰队形式从水面舰艇改成潜艇，战略是攻击相对于战斗舰队安全许多的商船船队。邓尼茨指出，英国本土所需的物资绝大多数都是依赖于外海殖民地运回本土（英国每年消耗的物资中，石油的75%、铁矿石的88%、铜的95%、铅的99%、小麦的89%、肉类的84%和食油的93%都依赖进口,每年的海运物资总量超过6800万吨,每天航行在大海上的英国运输船多达2500艘),战略物资依赖通商船队,打击他们,能够迫使英国投降,他认为能以300艘的VII型U型潜艇所组成的潜艇舰队在战争中打败英国。

邓尼茨回想起他在第一次世界大战中所得到的经验,当时他以单艘的潜艇去袭击护航船队,此举是非常危险的。邓尼茨就以"多艘潜艇集结起来攻击船队"为核心概念,创立出"狼群战术"(狼群战术是英国的称法,德国是称作"集结战术"),以压倒性的力量打击船队,于是他开始在海军中提倡建设潜艇舰队。

但在第一次世界大战后要执行狼群战术,以德国有限的无线电能力十分困难。在两次大战期间,德国开发了特高频发射器,使得他们的无线电反干扰能力提升许多,而第一次世界大战后发明的埃尼格玛密码机使得防窃密能力加强。邓尼茨还采用了威廉·马绍尔的想法,让潜艇处于非常接近水平面的位置和夜间发动攻击,此一策略使得潜艇的位置无法被声呐侦测到。

★萨默维尔的幽默

某次,直布罗陀海峡淡水短缺,因此导致一些英国皇家海军女子服务队成员偷跑到战舰上洗热水澡。

这件事被负责女子服务队的军官发现后贴出一纸通知,严禁女

经典 全景二战丛书 "皇家方舟"号沉没记

英国詹姆斯·萨默维尔将军

子服务队成员在英国皇家海军战舰上洗澡。不久之后，萨默维尔视察女子服务队时看到了这张通知，于是给加了一个注脚：除非她们是来见H舰队指挥官的。

上面的事件发生之后不久，某次H舰队完成任务进港时，萨默维尔致电港口："通知将军的女人准备好。"直布罗陀海峡方面很奇怪，要求解释。萨默维尔回电："哦，在将军和女人两词中间加一个'要洗澡的'。"

海洋上的"狼群"

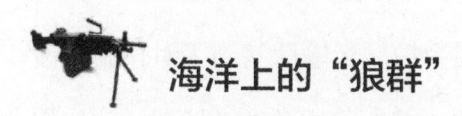

当时很多人，包括德国海军总司令雷德尔都不赞同邓尼茨的想法。邓尼茨向雷德尔不断争取海军内部的资金，也同时努力加入希特勒的政治交友圈，他的竞争对手是赫尔曼·戈林。

由于德国海军的水面舰队力量远低于英国皇家海军，因此雷德尔认为，只要和英国有战争，不久就会毁掉他的整支舰队。当听到宣战消息后，雷德尔说道："现在，水面舰队能做的只有一件事，表现出他们懂得如何英勇赴死。"

雷德尔对战争的希望全寄托在水面舰艇的建造计划上，这将大幅提升德国海军的水面舰队力量，有效对抗英国皇家海军。相比之下，在邓尼茨新的战术中就没有如此不稳定的因素和繁杂的飞行人员训练计划。他认为和英国皇家海军比较起来，相对弱势的德国水面舰队能力有限，一旦战争爆发，潜艇战将是德国海军唯一的选择。

实际来说，第一次世界大战中，尽管德国潜艇群曾迫使英国濒于失败的边缘，但是，英国海军部并没有在以后的战争中对反潜战予以足够的重视。英国海军将领们被《凡尔赛条约》的假象所欺骗，产生了错误的安全感。

该条约规定，永远禁止德国建造或拥有任何潜艇。英国人认为，即使1935年希特勒拒不接受条约对德国武装力量的限制，仍然不能动摇盟国的军事地位。他们为护航运输队找到了对付德国潜艇威胁的办法——声波定向探测器（美国海军称之为声呐）。他们断定潜艇将不可能长时间躲在水下，然而，将领们全然不顾这样的事实，他们忽略了潜艇探测器除了在理想的试验条件下，否则是难以发挥正常作用的。

作为限制武器条约的一种替代，英国批准了《英德海军协定》，根据该协定的规定，德国被允许建造相当于英国水面舰艇总吨位35%的水面舰艇，而德国潜艇的总吨位可相当于英国潜艇的45%，在特定条件下还允许提高到100%。

1936年，当包括英国和德国在内的海军强国签署一项重新确定有关海事法的潜艇协议草案时，英国又被蒙骗了。这个草案中涉及海事法的部分规定明确指出，无论是水面舰只还是潜艇，在击沉或击伤一条商船之前，必须保证船员和乘客的安全。但德国公开地不接受这一协议，因为，他们靠无限制的潜艇战，曾于第一次世界大战中迫使英国陷入极度的困境中。

签署《英德海军协定》之后，雷德尔授命卡尔·邓尼茨领导未来德国的潜艇部队。邓尼茨自然具有胜任这一职位的能力，在第一次世界大战期间，他曾指挥一艘德国潜艇，战后又服役于德国一支小型水面舰艇部队。任命他指挥潜艇部队时，他是一艘巡洋舰的舰长。

邓尼茨设想，英国人无论如何在未来的战争中要实施护航，必须采取现实主义的态度，允许德国再次无限制地使用潜艇兵力。为使潜艇探测器失去作用，邓尼茨计划在夜间使用潜艇攻击水面舰艇。而且，只要有机会，单艘潜艇也可以在白天潜入水中实施近距离攻击。为了挫败护航舰艇，邓尼茨还要求必须以艇群进行攻击（也就是后来的"狼群"战术）。德国潜艇指挥官通过无线电向他报告发现的敌舰目标，他就从基地通过无线电指挥潜艇群驶向目标。高级军官们反对这种打破无线电静默的做法，认为这样易被敌人发

德国卡尔·邓尼茨将军视察潜艇部队

现德国潜艇的方位。邓尼茨回答说，为了确保集群攻击的优势，这种冒险是不得已的。

正如邓尼茨所预料的，希特勒于1939年4月废除了《英德海军协定》，德国得以自由建造他们所需数量及种类的军舰。邓尼茨根据计算，要对英国实施饥饿战术至少需要300艘潜艇。但是，他的要求与雷德尔的"Z计划"相冲突。

雷德尔的"Z计划"是基于希特勒相信英德之间不会发生战争而制定的。"Z计划"预计到1948年之前建立起与英国海军实力相当的舰队。因而决定优先建造六艘新型的5—6万吨的战列舰。随着战争的爆发，建造这些大型战舰的计划被迫停止，钢铁被转用于其他目的。德国在进入战争时只建成了两艘3.1万吨的"沙恩霍斯特"号战列巡洋舰和"格奈森诺"号战列巡洋舰；两艘4.2万吨的"提尔皮茨"号战列舰和接近完工的"俾斯麦"号战列舰；此外还有已经服役的三艘2万吨级"德意志"号袖珍战列舰、"希佩尔海军上将"号重巡洋舰和"斯比伯爵"号袖珍战列舰，三艘重型巡洋舰、六艘轻型巡洋舰和数量可观的驱逐舰，但是只有56艘潜艇。四艘战列舰起初也只停留在港内，因为禁止德国舰队同英国本土舰队交战，袖珍战列舰和巡洋舰则在海上攻击敌人舰船，以支援潜艇作战。

英国皇家海军如同德国海军一样被偏爱战列舰的将军们所统治，他们从日德兰海战的经验中发展了他们的海战理论，而明显延缓了

第四章 "皇家方舟"号的辉煌——绝杀德国王者"俾斯麦"号

小型舰船、驱逐舰和其他适于为运输队护航的舰船的建造，以至于在战争初期，英国的许多护航舰船是用拖网渔船和另一些小船仓促改装而成的，即使装备残缺不全也不得不去执行严酷的任务。

第二次世界大战爆发后，德国海军完全措手不及。邓尼茨的U型潜艇部队只有57艘潜艇，其中许多是短航程型，只有22艘远洋型潜艇能越洋出击。在雷德尔和希特勒的要求下，邓尼茨只得以潜艇舰队直接和英国舰队交手。

首先，德军兰普上尉的"U-30"潜艇将"阿瑟尼亚"号邮轮误认为一艘英国皇家海军的辅助巡洋舰，而未发出警告就将其击沉。英国由此得出结论，德国已经采取了无限制的潜艇战。英国海军部承担了全部商业航运船只的管理，指示航速低于15节的船只编入护航舰队中航行，一些航速较快的船只则独立航行。至1939年底，

U型潜艇攻击商船

英国皇家海军为将近5800艘船只提供了护航,仅损失了12艘,其中有4艘是被德国潜艇击沉的,在同一时期,有102艘在航线上独立航行的商船被击沉。同时,邓尼茨损失了9艘潜艇,接近他最初潜艇兵力的六分之一。

虽然护航舰队的护航成功与所谓的德国潜艇的攻击行动形成鲜明对照,但是第一次世界大战中那些毫无效果的反潜巡逻又一次重现了。1939年9月14日,即英国宣战后不到两个星期,英国"皇家方舟"号航空母舰险些被德国U-39潜艇用鱼雷击中。三天之后,2.25万吨的"勇敢"号航空母舰被德国U-29潜艇击沉。自此,英国海军部撤销了使用航空母舰对潜艇进行攻击的行动。

作为"阿瑟尼亚"号邮轮被击沉的反应,英国海军大臣丘吉尔宣布他将武装英国商船。同样为了报复,希特勒解除了对于德国潜艇的一些约束。

1939年秋,德国所有潜艇袭击战中最辉煌的战绩,是由高特·普里恩上尉指挥的U-47潜艇创造的。高特·普里恩在10月14日夜里,靠卓越的航海技能通过了曲折的海峡,潜入英国斯卡帕湾,击沉了英国的"皇家橡树"号战列舰,全舰786名官兵阵亡。紧跟着高特·普里恩的战果之后,德国空军袭击了英国的斯卡帕湾和福思湾。陷入困境的英国海军部命令英国皇家舰队后撤到苏格兰西海岸抛锚。这时,德国宣传机器欢呼英国被逐出北海。

德国进行了大规模的布雷,使用德国空军、水面舰船和德国潜艇在港湾入口、河口和北海浅水区域布设攻势水雷区。当英国本土舰队转移至西海岸时，德国潜艇又在本土舰队的新锚地布设了水雷。英国则进行报复，也布设了密集的雷区，炸沉了德国的水面布雷舰只。

德国的大多数水雷是磁性引信水雷，舰只从水雷上方或附近经过时产生磁场，引爆水雷。这种水雷用通常的办法不能扫除，要使这种水雷失效，只能通过在船体上加设通电线圈或电缆的方法，来减少舰船的磁场。

德国潜艇在战争的最初几个月里所取得的战果是相对有限的，原因有两点：一是潜艇的数量少；二是他们难以到达或坚守在主要的游猎区，即英国的西部航道。他们在英吉利海峡被英国人布设在多佛尔海峡（加来海峡）的水雷幕所阻挡。为了进入大西洋，他们不得不绕过苏格兰航行，而且受往返作战半径所限，潜艇不能在游

英国"皇家橡树"号战列舰

猎区长时间停留。在 1939-1940 年冬，在西部航线上，德国潜艇从未超过十艘，有时还不超过两艘。

1940 年 3 月初，雷德尔命令全部在航潜艇准备参加入侵挪威的行动。战争开始后，德国潜艇在挪威战役中完全没有发挥作用，其受挫的原因是相当数量的鱼雷发生了故障。在纳尔维克外海，高特·普里恩被命令反复攻击锚地内的运输船和巡洋舰，但他们所有的鱼雷都钻入深海中去了。他心情沉重地说："这简直像是用玩具枪去打仗一样。"

一项调查结果表明，这是鱼雷在深水中航行，空气被压进有缝隙的平衡舵机舱所致。这种情况的产生，是德国潜艇昼间长时间在挪威外海处于半潜状态，等待天黑这几个小时中产生的气压造成的。当这种被大肆兜售的新式磁性引信不起爆时，信奉磁性引信的人为其辩解说是因为挪威的高纬度的原因。但是，当磁性引信在别的地区也是不起爆时，邓尼茨命令放弃磁性引信，仍然使用老式的却可信赖的触发引信。

这个时期是德国潜艇运气不佳的时期，但好运气正在到来。1940 年春天，挪威海岸以及低地国家（荷兰、比利时、卢森堡）和法国都被德国占领，这使希特勒有了突破英国海上封锁的前进基地，为邓尼茨随后数月在大西洋取得的战绩奠定了基础。

当德国潜艇的第二港口基地正在挪威沿海港口建立的时候，邓尼茨亲自视察那些在法国大西洋沿岸港口城市布勒斯特、洛里昂、

驶出港湾的U型潜艇

圣纳泽尔、拉帕利斯和波尔多建立的坚固基地防御工事。这些法国基地的被占领，意味着德国潜艇到达他们在大西洋的游猎区域的航行时间缩短了一大半。

★ U型潜艇

指在第一次和第二次世界大战中，德国使用的潜艇。由于德国潜艇的编号都使用德文"Untersee-boat"，也就是"潜艇"一词（缩写为U-boat）的首字母U加数字命名，如U-47。为了区别于其他国家的潜艇，在英语里使用"U-boat"来称呼德国潜艇。中文翻译为U型潜艇。1906年，德国的日耳曼尼亚造船厂为德国海军建造的第一艘U-1潜艇，从此德国的U型潜艇成为大西洋上最令人恐惧的武器。

水下的威胁

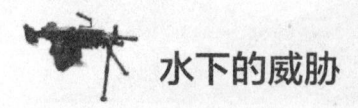

1940年7月，德国潜艇开始从法国基地出动，减少了用在抵达巡逻点的航行时间，等于增加了能在作战区参战的潜艇数量。

邓尼茨在苏格兰以西260海里的罗卡尔附近海区集中了他的潜艇部队，第一次有效地使用了"狼群"战术。发现运输船队后，德国潜艇并不急于攻击，而是保持半潜状态尾随其后进行跟踪，同时，向在法国洛里昂基地新设立的潜艇指挥部报告运输船队的航向、航速和编成。

然后，由邓尼茨实施战术指挥，命令"狼群"的其他潜艇同担任跟踪的潜艇取得联系，以其17节的水面航速，德国潜艇通常不难追赶或截击一支7或8节航速的运输船队。他们恰好在日落以后追上运输船队，在夜色笼罩下，德国潜艇小小的黑影难以被发现。按照邓尼茨的命令，"狼群"要驱散护航舰艇并同时吃掉运输船队。担负护航任务的舰船总是试图发现那些幽灵一般的影子，通常采用发射照明弹的办法，但收效甚微。

为了安全起见，德国人用密码发报并用密语表达具体内容，从而使电文十分简短，每一个密语组成一个代码（注：一个代码用数字或字母组合代表一个字或一个词组。电话号码簿就是这种代字

德国"狼群"战术的创造者——卡尔·邓尼茨（中）

簿。"密语"中的基本单位是字母，一个很简单的密语好比：A=1，B=2，C=3等）。后来，他们又发展了"压缩通信法"，即将电文录在磁带上快速传发，接收一方快速录音，然后再将录音放慢。

德国潜艇电报传输或快或慢，给英国密码破译人员造成混乱。虽然德国陆、海、空三军都装备了"埃尼格玛"密码机，但因德国海军采取了更安全的保密措施，使得英国人破译了德国空军和陆军的密码后好长一段时间，仍未破译德国海军的密码。

而另一方面，德国人从一开始就能破译一些英国海军的密码，英国皇家海军中的年轻军官强烈要求使他们的发报机按照英国皇家空军或美国和德国海军的办法，采用"压缩通信法"和相应安全的发报机加密手段。但是，尽管使用密码本进行人工编码加密是既慢又笨和不安全的方法，保守的英国海军部仍墨守这种低效率的人工加密法。

虽然英国人不能破译德国潜艇的通信电文，但他们可以根据无线电测向定位发现德国潜艇的位置，然后，改变他们船队的航向，躲避德国潜艇。这样的办法并不总是有效的，因为，德国人也在监听并经常直接指挥他们的潜艇去新的截击点。根据早期的陆基测向机确定的舰位是不精确的，因为岸舰之间的通信距离有几百海里远。但一种构造简单的高频测向仪弥补了这一缺点，它能够准确地发现远距离的通信信号。这种测向机可以装在护航舰艇上。

意大利也派遣了27艘潜艇到大西洋，并在波尔多建立基地，他们的潜艇就从这里出发，在德国军事机构的指挥下作战。德国人试图让意大利潜艇加入德国潜艇群作战，但因为意大利的潜艇速度慢而且不灵活，其结果并不令人满意。最后，北纬45°以南海域被分配为意大利人的作战区域。由于多数英国运输船都在这一纬度的北部航行，意大利人很难找到目标。

面对潜艇的威胁，英国海军部命令增加一些驱逐舰，并且批准建造了两种新型舰艇——小型护卫舰和大型驱逐舰。这些舰只

第四章 "皇家方舟"号的辉煌——绝杀德国王者"俾斯麦"号

英国海军用于反潜的小型护卫舰

在拖网船、小帆船和其他小型船舶的配合下,担负了北大西洋护航的大部分任务。在挪威战役和敦刻尔克撤退期间,驱逐舰和其他护航舰只的伤亡很大。为了应付德国入侵的威胁,他们只好从远洋护航队中抽调舰只,而后期的远洋运输队中的一些船只只剩下单艘舰艇护航。

从1940年夏末到秋季,英国军舰被击沉的数量不断上升。德国潜艇击沉英国军舰船吨位:7月19.6万吨;8月26.8万吨;9月29.5万吨;10月上升到35.2万吨。丘吉尔预见到严峻的时刻即将到来,便于1940年5月请求美国提供50艘驱逐舰的援助或馈赠以用于护航。

为减少损失，英国海军部于10月份把护航水域向西扩展到西经19°。扩展护航区域虽然有一定的好处，但是为了允许更多的船只单独航行，降低了护航船队速度限制的上限，结果损失更大。

德国潜艇更喜欢攻击单独航行的船只，而不太喜欢使用"狼群"战术与护航舰队纠缠，不管其护航力量如何。1940年底，在连续五个星期的时间里，没有一个远洋护航舰队受到骚扰，而单独航行船只的损失却急剧上升。

在大西洋中部，不但船只没有护航，而且德国潜艇还不会受到空中攻击。尽管有来自英国和加拿大的飞机做远程空中巡逻，在北大西洋中部仍有一片广阔的区域岸基飞机完全达不到。在这所谓的"黑色陷阱"（或叫作"格陵兰空中盲区"）中，德国潜艇击沉了许多单独航行的船只。

由于护航范围向西扩展，德国潜艇干脆采用"狼群"战术攻击护航运输队。遭受打击最沉重的是SC-7护航运输队。这支有34艘舰船组成的慢速运输船队在向东行驶的途中，于10月18日在爱尔兰西北方向约250海里处遭到拦截。德国U-99潜艇上的奥托·克雷奇默与另外6艘经验丰富的潜艇一道，突破由4艘军舰组成的警戒幕，在黄昏时攻击并击沉了18艘运载着将近10万吨补给品的商船。

这次攻击刚刚结束，有49艘船只组成的HX-79快速运输队就与高特·普里恩的U-47潜艇和另外5艘德国潜艇相遇了。这支向东行驶的船队运载着美国的军用补给品。德国潜艇再次击溃了该运输队的护航力量,又击沉了13艘船只。一部分德国潜艇上的鱼雷已经用尽,开始返航,这时,向东行驶的HX-79A运输队也进入了同一水域,又损失了7艘商船。

这种仅对单方有利的遭遇战是邓尼茨对西北航道进行第一次坚决袭击的高峰,在那"快乐的时光"里,德国潜艇共击沉了217艘商船,总吨数超过110万吨,德国仅损失了6艘潜艇。

如此的成功,使得邓尼茨对"狼群"战的辉煌前景坚信不疑。但是,由于可使用的潜艇数量有限而且需要补充,德国人不能将这种沉船率维持下去。在1940年的最后两个月里,在罗科尔岛附近

航行中的U型潜艇及艇员

海域巡逻的德国潜艇还不到6艘，恶劣天气又使之无法搜索到尽力躲避德国潜艇的英国运输队。

11月到12月期间，盟国船只受德国潜艇攻击而造成的损失下降到平均18万吨。1940年圣诞节的时候，只有一艘德国潜艇在西北航道上活动。邓尼茨在年底算账时发现，建造的新潜艇刚刚能补充自从战争爆发以来损失的31艘潜艇。

尽管如此，邓尼茨还是坚信，如果他能够得到自己要求的300艘潜艇的话，英国早就因饥荒而宣布投降了。

英国人完全明白，如果没有源源不断的美洲物资的支援，他们就维持不了多久，而运输这些物资的船队若得不到有效的护航，就将被德国人大量地送入海底。为此，英国人加紧采取措施，研制能在夜间发现德国攻击潜艇的新型雷达，同时，还加强了破译德国海军密码的工作。英国海军部设立了一个独立的西部航线司令部，并任命了该司令部的总司令。护航舰只上的全体船员都要接受保卫护航船只和反潜战术的严格训练。

这些措施很快就收到了效果。邓尼茨在1941年2月末派遣了一些最有经验的指挥官去西北航线进行全力以赴的闪击战，其结果与他的愿望相去甚远。

3月6日晚上，四艘潜艇发现了向西航行的OB-293运输队，他们对船队进行了24小时的不间断攻击。7日黄昏，在U-47潜艇里的高特·普里恩想把自己的成果纪录增加到16万吨，试图在暴

第四章 "皇家方舟"号的辉煌——绝杀德国王者"俾斯麦"号

风雨的掩护下穿过警戒幕,但"沃尔弗林"号驱逐舰准确地测定了高特·普里恩的潜艇方位,透过昏暗的夜色,用深水炸弹击沉了这艘曾经击沉过"皇家橡树"号战列舰的潜艇杀手。

八天后,剩下的"狼群"发现了 HX-112 运输队,虽然 U-100 潜艇内的埃斯·约阿希姆·谢普克行动迅速,一开始就击沉了一艘一万吨的油轮,但直到 16 日晚上为止,德国潜艇再没有获得新的战果。这天晚上,U-99 潜艇的指挥官埃斯·奥特·克雷奇默溜过护航警戒幕追赶船队,用鱼雷击沉了四艘油轮和两艘货轮,随后消逝在船队的尾部。

午夜时分,英国护航舰队司令唐纳德·麦金太尔在"沃克"号驱逐舰上发现了正在升上水面的 U-100 潜艇,谢普克速潜逃跑,但两艘驱逐舰的持续攻击迫使其浮上水面,在"范诺克"号驱逐舰的猛烈撞击下,艇体遭到致命破损而沉没。

几分钟之后,"沃克"号驱逐舰用深水炸弹实施猛烈而准确地攻击,迫使德国 U-99 潜艇浮出水面。艇上的大多数艇员,包括指挥官克雷奇默被麦金太尔的人救起,英国人俘虏了这位德国最天才的潜艇战术指挥家,他创造了击沉船只 266 629 吨的纪录,这一纪录在第二次世界大战中始终无人打破。

三位杰出的德国王牌潜艇指挥官的损失,给设在洛里昂的德国潜艇司令部带来了沉重的沮丧气氛。连同其他的损失,德国人在西北航线一下子出现了将近 20% 的损失率。连续的恶劣天气妨碍了德

经典 全景二战丛书 "皇家方舟"号沉没记

德国 U-47 潜艇艇长高特·普里恩向人群敬礼

国空军对爱尔兰与苏格兰之间的北部水道的侦察。

邓尼茨不得不把"狼群"作战行动的范围向西移动了200海里，处于以北爱尔兰为基地的海岸防区轰炸机的控制范围之外。这一变动是他的"吨位战"行动的第一次实施。"吨位战"是让德国潜艇在某些区域集中活动，在这些区域内，德国潜艇可用最小的损失击沉尽可能多的盟国商船吨位。

就这样，一个海域的防御力量一旦加强，邓尼茨就命令他的潜艇转移到另一个海域，以便利用剩余的潜艇防御薄弱区域。尽管如此，对盟国生死攸关的货物还是在此时被运送到了一些关键地区。结果，北大西洋战区在这几个重要时期几乎完全处于无战事的状态。

1941年4月1日，英国海军部得到了空军海岸司令部的空中支援，由此能够更直接地为护航舰队的活动提供空中援助。4月初，英国远程飞机开始在冰岛驻扎，从此，他们就能把"黑色陷阱"的范围大大缩小。

最后，一批按协议成交的美国驱逐舰和快艇也在4月被移交给了英国皇家海军。这些新增加的舰只和新的护卫舰加大了载油量，使护卫舰的活动范围扩展到西经35°。增强了实力的加拿大皇家海军使加拿大人能够在西大西洋进行护航并与英国海军建立起联系。

5月26日，HX-129运输队从哈里法克斯起航，第一次在全程

德国潜艇官兵的卧室

护航条件下穿越北大西洋。现在,如果德国潜艇还想保持其击沉商船的纪录的话,就不得不向有军舰护航的船只进攻,从而蒙受更大的损失。

★ U型潜艇艇员的饮食

潜艇的一次出航作战可能的持续时间将长达12周,在作战斗巡逻前的出发准备时,潜艇通常要携带约14吨的各类给养品、燃料和鱼雷武器弹药。无论是训练还是战时,艇上均可保证潜艇官兵们的一日三餐。除了主食以外,还有咖啡、茶、牛奶、果汁和可可饮料提供。一旦新鲜食品耗尽,那么只能由罐装食品接济。

第四章 "皇家方舟"号的辉煌——绝杀德国王者"俾斯麦"号

德国潜艇内部的生活环境是非常封闭潮湿的。当潜艇在海况恶劣的水面航行时，海水会从未关紧的舱门大量涌进舱内，而当潜艇在热带海域水下航行时，由于通风装置工作吃力、艇上的动力和机械设备运转产生的高温将在潜艇内部积聚至50℃。这样的高温夹杂着高湿度，使得艇员们的衣物很难晾干，新鲜食品也很容易腐烂发霉。但总的说来，德国海军U型潜艇部队的饮食较其他德军作战部队还是要好一些。

第五章

悲歌——"皇家方舟"号沉没

再战马耳他岛

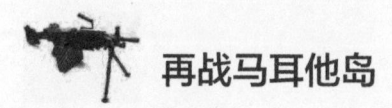

随着新型反水面舰艇雷达在护航舰艇上的应用,英国皇家海军获得了对付德国潜艇的新式有效武器。"范诺克"号驱逐舰是第一批装配这种新式武器的护航舰艇之一,它曾利用雷达探测到并跟踪上谢普克的 U-100 潜艇,在雷达和反潜探测器的夹击之下,德国潜艇发现无论是白天还是夜晚,是水面状态还是潜水状态,要躲藏起来都很困难。

更重要的是,英国人终于破译了德国海军的绝密密码。

1941 年 5 月 8 日,德国 U-110 潜艇在曾击沉过"阿瑟尼亚"号邮轮的弗里茨·J·伦普的指挥下,攻击了 OB-318 运输队,一艘护航舰艇立即追赶德国潜艇,于是,德国潜艇紧急下潜,但是深水炸弹击伤了它,迫使它浮出水面,惊慌失措的艇员们弃艇而逃。伦普爬回艇试图炸艇,结果被击毙,U-110 潜艇沉没了。但英国人在它沉没之前,利用其备用浮力,缴获了一台海军制式"埃尼格玛"密码机及全套密码。

英国海军部此时能够译读很多邓尼茨与他的潜艇之间的通信了。这一情报来源加之无线电测向点,使英国人能够跟踪大多数德国潜艇,并确定与其通信联系的舰艇的位置。新的情报来源的第一

德军"埃尼格玛"密码机

成果，是测定到大西洋上两艘补给船的位置。这两艘船为德国潜艇和水面舰船补给，使之能扩大在大西洋上的巡航范围并延长巡航时间。6月初，英国巡洋舰突然袭击并击沉了这两艘补给船，邓尼茨对补给船被击沉一事的反应是计划建造一艘1700吨的补给潜艇，即著名的乳牛级潜艇。

为了支援北非战场，地中海的英国皇家海军运送了不少战略物资到马耳他岛。7月下旬，英军组织了一支运输船队向马耳他岛运送急需的人员和物资，该船队由一艘部队运输船和六艘货物运输船组成，由萨默维尔上将指挥的H编队护航，护航编队共计"皇家方舟"号航空母舰一艘、战列舰一艘、巡洋舰一艘和驱逐舰八艘，掩护兵力则由英国本土舰队出动战列舰一艘、巡洋舰三艘、驱逐舰八艘和

德国海军补给船给 U 型潜艇输油

布雷舰一艘。

为确保护航任务顺利完成，亚历山大港的地中海舰队也出海活动，进行牵制和策应，同时还在地中海布署了八艘潜艇，以监视和伺机攻击出海的意大利海军舰艇部队。这一护航行动代号为"坚实"。

运输途中，意军侦察机发现了该运输船队，但意军判断这是英军向马耳他岛运送战斗机的船队，因此并未派出舰队拦截。只是命令部署在地中海的两艘潜艇前去攻击，"迪亚斯波罗"号潜艇发现并用鱼雷攻击了英军运输船队，但未获战果。

到了 7 月 23 日，意军由于判明情况太晚，舰队出航拦截已不可能，便出动岸基航空兵对英军运输船队进行了攻击，击沉一艘驱逐舰，击伤巡洋舰和驱逐舰各一艘。24日，英军运输船队到达突尼斯附近海域，按照惯例，掩护兵力和部分护航兵力返航，只以部分护航兵力即两艘巡洋舰和六艘驱逐舰继续护送运输船前往马耳他岛。

意军已在突尼斯海峡配置了三艘驱逐舰和四艘鱼雷艇，进行截击。当天凌晨，意军鱼雷艇发现英军船队，立即实施攻击，英军则以密集炮火还击。意军鱼雷艇充分发扬其机动灵活的特长，在英军密集炮火之中往来穿插，不断发射鱼雷，击伤英军一艘运输船，该船后来被拖至马耳他岛。

英军护航军舰在战斗中，显得混乱不堪，有多艘军舰被己方炮火所伤，而意军参战鱼雷艇无一损失，安然撤出。同一天，运输船队到达马耳他岛，卸下所载物资之后便返回直布罗陀海峡，在返航途中，有一艘运输船被意军鱼雷机击伤。"坚实"护航行动基本完成。

1941年8月末，英国人获得了另一个重要情报，德国"U-570"潜艇被深水炸弹炸伤后，不得不投降，一艘拖船将德国潜艇拖到一个英国港口，在那里，英国人对该艇的潜水能力、机械噪声和机动性能作了深入研究。

8月份，德国潜艇仅仅击沉8万吨盟国船只，这是自从德国人停止使用有缺陷的磁性引信以来所取得战果的最低数字。在这个月中，英国每周进口的物资近100万吨。

经典 全景二战丛书 "皇家方舟"号沉没记

被俘的德国 U-570 潜艇

战局的转变使海军部的军官们欢欣鼓舞。许多英国皇家海军军官确信，随着英国护航力量的增强，有了新的情报来源和探测侦察手段，再加上美国参与为船队护航，大西洋战场最艰苦的阶段已经过去，德国潜艇已经不能再构成威胁了，但他们这种见解太片面了。

英国皇家海军自从抢占马耳他岛后，意大利一直龟缩在本土，希特勒又把空军调到苏联战场，地中海一带仿佛平静了不少。随着北非战场的变化，德国与盟国都需要抢运大量物资支援非洲交战双

第五章 悲歌——"皇家方舟"号沉没

方,地中海运输线又热闹起来。希特勒无力抽调空军,就将邓尼茨的潜艇调拨了十几艘。1941年9月以后,德军先后两次派遣20艘潜艇进入地中海,其中5艘在通过直布罗陀海峡时被英军发现而遭击沉,其余15艘到达地中海后,积极展开活动。萨默维尔和他的H舰队为支援北非作战,切断德国隆美尔非洲军团的海上补给,"皇家方舟"号航空母舰奉命运输飞机到马耳他岛——航空母舰与潜艇的遭遇战即将再次打响。

9月下旬,英军组织了向马耳他岛的运输行动,运输船队由9艘运输船组成,载有8万吨物资和2600人的部队,柯蒂斯海军中

运输飞机到马耳他岛的"皇家方舟"号航空母舰

将指挥的第二舰群有战列舰 2 艘、巡洋舰 4 艘、驱逐舰 11 艘负责直接护航；萨默维尔上将的 H 编队计"皇家方舟"号航空母舰一艘、战列舰一艘、巡洋舰一艘和驱逐舰六艘执行掩护任务，还有一艘油船与掩护舰艇编队同行，以便在航行途中为载油量较小的驱逐舰加油。这一护航行动代号为"长矛"。

9 月 26 日，意军侦察机发现了英军运输船队，随即派出伊亚金诺指挥的由战列舰 2 艘、重巡洋舰 3 艘、轻巡洋舰 2 艘和驱逐舰 14 艘组成的舰队，并在地中海部署了 11 艘潜艇和多艘鱼雷艇。

此时意大利海军正面临燃油短缺的困境，因此只派出了部分舰艇，而且指示舰队只有在处于明显优势，并在萨丁岛岸基航空兵作战半径之内，才可与英军交手。

27 日，意大利空军并未按照事先约定的时间对英军船队实施攻击，而侦察机提供的情报又少，在这种不利条件下，伊亚金诺认为如果继续停留在待机海域，很可能会失去战机，便不顾情况不明的危险，果断率领舰队前出至英军船队可能通过的海域。

中午过后，海上突起大雾，伊亚金诺觉得己方舰队既得不到有力的空中掩护，又面临英军舰载机的攻击危险，而且浓雾弥漫，能见度又差，就指挥舰队返航，准备在得到准确的敌情通报之后再采取相应行动。黄昏时分，伊亚金诺收到敌情通报，已击沉英军一艘巡洋舰，击伤两艘巡洋舰，还可能击伤英军唯一的一艘战列舰，实际上这是一份错误的报告。

第五章 悲歌——"皇家方舟"号沉没

英国皇家空军向机场投下炸弹

伊亚金诺就根据这一不准确的通报，立即率领舰队南下接敌，准备在日落前捕捉到英军船队。与此同时，英军 H 编队也在没有掌握确切敌情的情况下，转向南航行。双方就在萨丁岛与班克岛之间海域平行航行。

入夜后，英军 H 编队开始返航，运输船队由五艘巡洋舰和九艘驱逐舰护航，继续向马耳他岛航行。途中只有"皇家星座"号运输船被意军飞机击伤，后因伤势严重而自行凿沉，其余船只于 28 日安全到达马耳他岛。而 H 编队在返航中还击沉了意军一艘潜艇。

"长矛"护航行动基本完成,意大利海军舰队一无所获,白白消耗了大量宝贵的燃料。

10月,英军又一支水面舰艇部队进驻马耳他岛,马耳他岛实力进一步得到充实。

英军为配合北非战场的作战,在马耳他岛集结了10个航空兵中队,共约200架飞机。利用这些飞机,英军全力破坏从意大利至北非的海上交通,并不断对意大利和北非的港口、机场进行轰炸。加上驻马耳他岛的K编队和潜艇部队的积极活动,意大利至北非的海上交通损失直线上升,1941年8月物资损失为9%,9月已增至37%,10月更增至44%,11月更是高达63%。而意大利的运输船

英军运输船

只损失吨位77%,这一切,使德意北非军团补给特别是燃料补给几乎断绝。因此,在1941年11月的"十字军"战役中,德意军遭到了惨败,伤亡3万余人,损失坦克约300辆。这些情况促使德军统帅部重新考虑地中海战场,除了潜艇外,还向地中海派出了鱼雷艇和扫雷艇部队。

11月7日,意大利由7艘运输船和8艘驱逐舰组成运输船队,由两艘重巡洋舰和4艘驱逐舰掩护,从那不勒斯前往北非的的黎波里。

该运输船队刚出航不久,就被英军侦察机发现,马耳他岛的编队迅即出动巡洋舰和驱逐舰各两艘,前去拦截。9日凌晨,英国军舰凭借性能优良的雷达首先发现意军船队,并迅速抢占了有利攻击位置,突然开火,意军措手不及,7艘运输船全部被击沉,护航的驱逐舰也被击沉一艘,击伤两艘。英军一击得手,便马上撤出战斗,意军担任掩护的巡洋舰和驱逐舰根本来不及投入战斗,英国军舰就已经扬长而去。

英国皇家海军显然没把德国的潜艇放在眼里,11月10日,萨默维尔上将指挥由"皇家方舟"号航空母舰、战列舰一艘、巡洋舰一艘和驱逐舰7艘组成的H舰队出海,同时从直布罗陀海峡起飞7架"布伦亨"式轰炸机,为舰队提供空中掩护。11月12日,"皇家方舟"号航空母舰从本土运载37架"飓风"战斗机到达马耳他岛。

经典 全景二战丛书 "皇家方舟"号沉没记

英国空军军官在布伦亨式轰炸机前合影

★ U型潜艇艇员的活动空间

潜艇上的空间是非常宝贵的。绝大部分艇内空间用于安置柴油机和电动机、蓄电池和其他必要的机械设备，而用来供艇员生活和休息的空间所剩无几。

艇长的起居室较大，门口安装了布帘以保证较为私密的空间，艇长室往往位于潜艇内部的中心位置，因为平时的大小事务艇员都会向艇长汇报，这样安置较为方便。军官的舱室空间也较大，里面安装有固定的小桌，而非其他地方的折叠桌。高级军官有固定的铺位，中级军官则只有吊床。艇上部分岗位的艇员由两个人共用一个铺位，这是因为两人轮岗的缘故。还有部分艇员只能在艇艏和艇艉的鱼雷舱里休息，那里终日被噪音困扰，几乎永无宁日。

一艘德国潜艇上通常有两个厕所。在战斗巡逻过程中的前半段时期，其中一个将被用来存放新鲜食品，另一个较小的则为艇上的50人服务。可以想象，这对于潜艇内部本来就污浊不堪的气味而言又是个不小的负担，而冲洗马桶的工作更是一件困难和有一定危险性的任务，处置不当的话可能会引起海水倒灌。根据现有的资料，"二战"中至少有一艘德国潜艇U-1206因为冲洗马桶时的失误而最终导致潜艇沉没。当时潜艇因为大量进水被迫上浮，在海面又突然遭遇盟军飞机的攻击而被击沉。在较为平静的海面上航行时，艇员还可使用外部的马桶。

潜艇兵在狭小的空间进餐

狭路相逢勇者胜

1941年11月12日,在晴朗的夜空下海面上风平浪静,德军"U-81"潜艇沿摩洛哥海岸急速行驶,激起朵朵浪花。艇上的德国官兵没有一个被眼前怡人的海景所迷惑,直布罗陀海峡常年天气变化无常。在海军上尉弗里德里希·古根伯格的指挥下,U-81潜艇正载着全体水兵朝地中海和大西洋之间的唯一海上通道直布罗陀海峡进发。

其实德国潜艇在第一次世界大战中就发现,在直布罗陀海峡有很强的逆流存在,由于地中海的盐度远高于大西洋,所以密度相对较大。在海底的一定深度内,存在着一股从大西洋流向地中海的逆流,在这个深度上,德国潜艇可以关闭马达顺流通过狭窄的直布罗陀海峡从而避开英国搜索。

有资格进行这个冒险的是一群久经沙场、经验丰富的老水兵,他们都参加过苏联西北部港口城市摩尔曼斯克沿岸和大西洋海域的潜艇之战。他们深知,现在,他们将要面临的是有史以来最危险的一次海上冒险,他们要穿越直布罗陀海峡。U-81潜艇于12日凌晨1点50分到达塔瑞法之角海域。

邓尼茨用进入圈套来比喻此次行动的危险性。这不是危言耸听，而是他心情的真实写照，就在这一天晚上，U-81潜艇的全体人员将会亲身体验到为什么这片海域是德国潜艇的克星，是德国潜艇的坟墓。

对于德国潜艇而言，地中海是一个极其危险的竞技场，四处密布着盟军的数十个空军基地和数百架装备有雷达设备的反潜飞机。

地中海较为平静和清澈的海水也使得潜艇的逃离更加艰难。直布罗陀海峡不仅狭窄（在西班牙海岸的塔瑞法，中间只有13千米）而且海水浅，同时还受到自西向东的洋流冲击，直布罗陀海峡里有一股异常强劲的从西向东的海流，进入地中海是顺流，比较顺利，但要逆流而出，势必要开足马力，这样发动机噪音就大，也就容易被发现。

海峡掌握在英国人手里，所以任何一艘欲穿过海峡的德国潜艇不得不和驻扎在直布罗陀海峡的英国海军的反潜部队交火。

这支反潜部队由"皇家方舟"号航空母舰、一艘巡洋舰、两艘炮火威力极大的主力战列舰和八艘驱逐舰组成，所有这些都是用来对付像U-81潜艇这样敢于进入地中海的轴心国潜艇。

随着午夜的临近，U-81潜艇从西南方向悄悄驶向直布罗陀海峡，英国人认为，德国潜艇从这一方向进攻的可能性最小。当第二班的值班领航员从甲板上向掌握方向的右舷值班员报告时，他嗅到了泥土的气息，看到了摩洛哥北部的港口城市丹吉尔的灯光时，他还下意识地说了一句："真是的，怎么这么近！"

经典 全景二战丛书 "皇家方舟"号沉没记

U型潜艇出击

第五章 悲歌——"皇家方舟"号沉没

　　但是，此时，德国潜艇因为贴近非洲大陆的边缘慢慢滑行，潜艇已躲过了英国的外围巡逻舰防线。随着水道越来越窄，德国艇长指挥潜艇驶向海峡的中央，不久，甲板上的人就看见了塔瑞法到港口方向的导航灯。负责监视的水兵们用望远镜仔细地瞭望着夜空下的情势，他们发现了一艘大货船，所有的船灯紧闭，在黑暗中驶出港口，悄然驶向大海。这是一个很诱人的攻击目标，但是，目前还不能进攻，时机还不成熟。

　　德国潜艇继续在海峡中央行驶，对于精神高度紧张的水兵们来说，两岸近在咫尺。塔瑞法导航塔上导航灯的每一次旋转照明，都给潜艇甲板上带来短暂的光亮。潜艇驶过港口，海峡变得越来越宽，穿过阿尔及利亚湾，在漆黑夜空的衬映下，堡垒石头隐隐约约，凹凸不平。现在，负责监视的水兵看到了一条由许多船只组成的警戒线，这条警戒线横穿了整个直布罗陀海峡。

　　古根伯格知道这些船肯定是用某种网状物或钢丝绳互相连接，于是他决定潜艇继续在水面航行，向他所能看到的最宽的缝隙驶去，希望他们能侥幸躲过英军的雷达。警戒线船队的探照灯离他们越来越近了，突然，探照灯扫到了潜艇的船体中部。水兵们都屏住呼吸，不知是天堂还是地狱，但是探照灯继续向艇艉扫去，潜艇安然无恙，躲过了一劫，他们都松了一口气，心中祈祷，但愿好运一直伴随着他们。

　　前面出现了两艘美国的驱逐舰，在直布罗陀海峡交叉处向对岸航行。古根伯格抓住空隙,沉稳地指挥潜艇驶向两艘驱逐舰汇合的接合部,就在两艘驱逐舰背对背向对岸驶去时,U-81潜艇巧妙地躲过了军舰的探测,安全进入地中海海域。

到此时全体官兵们才松了一口气,除了值班的以外,都回舱睡觉休息。二副嘲讽地笑着说:"先生们,上帝赐给你们这美丽的安稳觉,别忘了感谢它保佑你们。"同时对古根伯格说:"您也抓紧时间躺一会儿吧,都6点了,天快亮了。"

古根伯格边看表边回答:"好的,联络时间快到了,你接收下指挥部的无线电报,有情况随时叫醒我,注意保持无线电静默。"然而在德国潜艇上睡觉,又是在一触即发的战争状态,不可能美美地睡去,人人都处于半睡半醒状态。

次日凌晨3点,德国潜艇再次收到无线电电报,根据意大利空军侦察机通报:"发现一支英国特混舰队,该舰队由一艘战列舰、一艘航空母舰与数艘巡洋舰与驱逐舰组成,目标从马耳他岛方向驶来,估计航速18节。"

实际上这支特混编队(K舰队)有两艘航空母舰:"百眼巨人"号航空母舰与"皇家方舟"号航空母舰、"马来亚"号战列舰、"赫米杨"号轻型巡洋舰和七艘驱逐舰组成,航速为18节。

这支舰队是向马耳他岛的英国空军基地运输飞机后(其中,"皇家方舟"号航空母舰运载了37架飓风式战斗机),在五个小时前袭击了一支意大利运输船队后向西航行,古根伯格不知道这支

英国"百眼巨人"号航空母舰

英国舰队在哪儿，但是他非常清楚这支舰队的目的地——直布罗陀港。而在此时，另一艘德国 U-205 潜艇在艇长雷施克上尉的指挥下已经发现了这支舰队。

于是古根伯格下令，潜艇掉转船头、径直返回刚刚摆脱的那个危险的咽喉地带。U-81 潜艇开始向直布罗陀海峡 25 海里以内前进，该水域限制性较大，敌军舰队可能进行不规则航行。为做好战斗准备，古根伯格下令检查艇内机械设备，发现排气装置与左柴油机运转有些问题，其他一切都很正常，不影响作战。

为了抢时间，潜艇没有下潜，而是在海面全速前进，但天上的飞机和海面上的驱逐舰迫使潜艇一次次下潜,事实证明他的判断是完全正确的。

14点20分,U-81潜艇在海平面上发现一艘英国驱逐舰与两架战机。"战斗警报,全体人员进入战位!"担任瞭望的大副喊着。潜艇立即下潜至潜望镜深度。15点,三艘英国主力舰出现在古根伯格的潜望镜里。

15点30分左右,古根伯格通过潜望镜发现七艘英国特混舰队舰只(K舰队)正在驶来,古根伯格上尉以潜望镜测算出英国舰队的航速为16节,并向该舰队进行水下机动,此时U-81潜艇仍然没有被英国军舰发现。

前面是为马耳他岛运输船队护航的"皇家方舟"号航空母舰,后方是向马耳他岛运送战机的"百眼巨人"号航空母舰,空中还有负责反潜巡逻的剑鱼式鱼雷机。

根据古根伯格回忆录著述:"原计划在距英国军舰1500米处连续发射5枚鱼雷,以便让英国军舰吃水线以下五处命中。但这样我们的生还概率并不大。"用鱼雷在一个像潜水艇这样的平台上攻击一个运动的目标是不容易的。这要求勇气、耐性、同步联合作业和一些艇长天生就有而其他人从来不具备的天赋。

鱼雷攻击与普通的理念相反,首先艇长要从潜望镜模糊不清的影像中判断出是敌是友?是军舰是货船?吃水深度是多少?(这会决定鱼雷在水里的定深)然后对比识别手册判明敌舰类型。

第五章 悲歌——"皇家方舟"号沉没

德国U型潜艇艇长通过潜望镜观察影像

更进一步的要求是判断远处舰船的速度和方向，并且在距离和方位不断变化的情况下计算出如何攻击舰船。潜艇攻击位置的调整颇费工夫。直接射击是最简单的——瞄准船头目标、鱼雷到达、启动爆炸——可是情况很少是这样，常常是潜艇在平行移动时射击，或者向相反的方向行驶时把鱼雷调整一个角度。发射角可以计算出来，因为潜艇上有一台鱼雷数据计算器。

这个机械计算器储存了类似这样一些信息：潜艇的位置、艇长估计的目标舰船的速度、距离和路线。同时做必要的数学运算——当变量改变时，数据作相应调整——计算器把处理结果传递到鱼雷发射舱，据此水兵在鱼雷方向仪上调整发射角。鱼雷一旦被发射出去，先直行

航行中的"皇家方舟"号航空母舰

几米,然后按照方向仪设定的角度拐弯——如果艇长、计算器和水兵准确无误地完成了各自的任务——鱼雷将会狙击到目标。

★ "皇家方舟"号航空母舰

"皇家方舟"号是英国海军专门为舰队设计和建造的航空母舰,"二战"开始时,它是英国皇家海军最先进的航空母舰。

"皇家方舟"号于1938年11月下水服役,满载排水量27 000吨,飞行甲板长240米,宽50米,续航力7600海里,武器装备有8座双联装炮塔的114毫米重型高炮16门,最多可装载60架剑鱼式鱼雷轰炸机,最大航速31节。

U-81 潜艇的威力

16点06分，古根伯格不顾七艘英国驱逐舰和一架飞机造成的威胁，把艇艏四个鱼雷舱鱼雷都准备好，升起潜望镜。16点36分距英国舰队4000米以内时，古根伯格把潜艇停了下来，他把潜望镜上十字交叉瞄准在一艘航空母舰上，"一号、二号、三号、四号发射管准备，左前方4000米，偏转角度352，航速7节"古根伯格对着通话器发布着命令。

"一号准备完毕。"

"二号准备完毕。"

"三号准备完毕。"

"四号准备完毕。"

"发射！"

"明白，发射！"

U-81潜艇向英国战列舰、"皇家方舟"号航空母舰发射了四枚鱼雷。由于发射的冲击波太强与压力的突然减轻，导致潜艇前部陡然向上跃起大概三米，似乎要冲出水面，幸亏经验丰富的古根伯格命令轮机长：所有艇员进入前舱克服由于突然失重引起的船头不平衡。船头慢慢倾斜而下，轮机长抓紧时间，紧急调整水柜，进行急潜，才没有被英国军舰发现。10分钟后，潜艇还没完全平稳时，古根伯格下令U-81潜艇急速下潜至水下91米处，静待战况。

鱼雷发射6分6秒后，声呐听到第一声爆炸，90秒后又听到第二声爆炸，古格伯格认为击中了一艘战列舰与一艘驱逐舰，命中部位是右舷，在确定没有声响后，U-81潜艇开始向东北方向撤离。英国驱逐舰在声呐上发现了U-81潜艇并展开反击，两艘驱逐舰在17点25分至22点20分对U-81潜艇进行了长达五个小时的追击，就在U-81潜艇像利剑般刚刚下潜到预计的安全深度时，水兵们就听到两声巨响。这是深水炸弹，但是深度不够，对潜艇没有构成威胁。

一会儿，水面上的声音停止了。

古根伯格马上命令轮机长"停车！"英国驱逐舰声呐的脉冲波射在U-81潜艇外壳上发出震耳的巨响，潜艇上的人心里都非常清楚，这意味着什么，下一步要发生的事是不言而喻的，英国驱逐舰的深水炸弹地毯式地在潜艇正上方铺开。

古根伯格命令轮机长：向驱逐舰相反方向运动。这是一场惊心动魄的猫鼠轮盘赌。潜艇稍一摆脱英国驱逐舰，古根伯格马上命令轮机长两台发动机全速前进，驱逐舰一接近就慢速或干脆停车。当务之急是以最快速度离开这一海域。

古根伯格一枚一枚地数着，每一次深水炸弹都要比前一枚深三米。

舵手开始往嘴里塞杨梅，第一次爆炸从距离46米的上方传过来，艇体左右摇摆了几下，发出嘎吱嘎吱的声音，艇内的灯泡从底座弹出，玻璃器皿都被震碎了。随着每一次可怕的剧烈震荡，舵手就吐出一个杨梅核，他以此来记录深水炸弹的数量。驱逐舰不间断地投放深水炸弹，但是U-81潜艇顶着压力在水底缓慢地滑出了英国驱逐舰的攻击范围。

经过长达五个多小时的海底航行，被追逐的德国潜艇水兵们听

德国弗里德里希·古根伯格海军上尉

到了距离他们三海里以外传来的一声深水炸弹的爆炸声，那是他们听到的最后一次爆炸声。而此时，英国驱逐舰一共投下163枚深水炸弹，U-81潜艇靠着不断变化速度、航线与下潜深度，使英国驱逐舰始终没有成功锁定和击中潜艇。23点10分，英国驱逐舰放弃追击并返航之后，U-81潜艇换气出水并在水面航行。

14日，U-81潜艇在潜艇电池充满电力后，开始沿非洲大陆海岸线航进。

15日早晨5点53分，古格伯格用电台向潜艇司令部汇报战况称：发射四枚鱼雷，击中敌战列舰或航空母舰，第二枚鱼雷"可能"击中了不明目标。

当天中午，U-81潜艇接收到边防军战报与无线电信息，经过证实，U-81潜艇击沉了英国"皇家方舟"号航空母舰，而不是他们以为的"马来亚"号战列舰，U-81潜艇第二枚鱼雷击伤"马来亚"号战列舰。幸运的是它没有直接沉入海底，勉强到达直布罗陀港，等待着全面修理。

实际上，U-81潜艇发射的四枚鱼雷只有一枚鱼雷命中"皇家方舟"号航空母舰，当时鱼雷击中的是舰岛下方的右舷。几分钟后，大量入水使"皇家方舟"号航空母舰主机停止运转，航空母舰向右倾斜18°，救援组试图将航空母舰拖回港口，因为这里距直布罗陀港并不远。13日夜间在抢修人员的努力下，电力系统与锅炉机组曾一度恢复，但海水不断涌入，14日凌晨，4号锅炉组爆炸，大

即将沉没的"皇家方舟"号航空母舰

火无法控制，这次幸运之神不再眷顾"皇家方舟"号航空母舰。

在当年围歼"俾斯麦"号战列舰时，本来"U-556"潜艇最先赶到，并成功逼近到距离"皇家方舟"号航空母舰仅400米处，能清楚地看到航空母舰正在进行的起飞准备，可惜"U-556"潜艇已在先前的巡航作战中用完了所有鱼雷，只能束手无策，"皇家方舟"号航空母舰因此逃过一劫！

6点13分，"皇家方舟"号航空母舰开始侧倾，并翻转后沉入海底，长达14个小时的救援行动宣告失败，幸运的是，这场灾难只造成一人死亡，但搭载的37架飞机沉入海底。

温斯顿·丘吉尔这样写道："一切挽救这艘船的企图都失败了，

于是在我们的许多战事中战绩显赫的,这艘有名的、老资格的军舰,就在离开直布罗陀海峡只有6.7海里航程的时候沉没了。这是我们在地中海上的舰队所受到的一系列的惨重损失的开端,也是从来不为我们所知悉的一个弱点。"

为什么一枚鱼雷能解决掉一艘排水量达27 300吨的航空母舰呢?因为水中爆炸的特点:炸药在水中爆炸后产生的高温、高压和高速膨胀的气体转瞬之间在水中形成一个巨大而高速膨胀的大气泡,但由于海水不可压缩,故强大的爆炸能量迅速向四周扩散(比在空气中爆炸产生的冲击波强大得多)。与此同时,气泡中的一部分挟巨大能量冲向海面(这个方向海水压力最小),在海面上形成高能的巨大水柱,随后沉重的海水从四面八方反扑过来,将水中剩余的气泡向中心压缩。当压至极致时,气泡又蓄积起强大能量再度向四周扩散,如此反复不已。因此水中爆炸的杀伤力(主要是反复激发的冲击波)非常惊人。

现代反舰鱼雷广泛采用非触发引信的道理也在于此。

鱼雷在舰船下方爆炸时,第一轮冲击波摧毁其龙骨并把整条舰船拦腰拱起,其首、尾两端的巨大重量在重力作用下被有力下折。随后爆炸气泡上方的海水迅即向下回填,压缩水中的气泡并形成直径不等的漏斗状致命陷阱,使被折断的舰体从折断处坠入其中。同时舰体首、尾两端被海水浮力有力上举,此过程来回反复,力度渐次递减。舰体被来回反复对折——就像折断筷子一样。只要爆炸能

德国"U-81"潜艇

量足够大，一般说来很少有能逃过这道"腰斩"的。

"皇家方舟"号航空母舰战功赫赫。而这次德国海军"U-81"潜艇击沉了它，可谓为德国海军报了一箭之仇。英国地中海舰队不仅仅损失了一艘绝对主力舰，而是被德国人摧毁了舰队的核心力量。

潜艇作为一种进攻性武器，其防御能力，即便是在反潜作战中也可以与水面舰艇相提并论。从这一战例来看，第二次世界大战初期海战中潜艇以其隐蔽性强、准确性好、效率高的特点再一次向世界证明了它作为特殊海战武器的优越性。"皇家方舟"号航空母舰的沉没，证明航空母舰防御网正面临潜艇强有力的挑战，同时也为世界海军的发展起到了一定的推进作用。

★ U-81潜艇资料

水面排水量：753吨

水下排水量：857吨

最大水面速度：17.2节

最大潜行速度：8节

12节巡航速度的航程为6500海里

4节水下巡航的航程为90海里

下潜最大深度为150米

下潜速度为30秒

满员51人，5名军官、16名士官、30名水兵

武器系统是：

甲板前方有88毫米火炮一门

后方有20毫米高射炮一门

装备鱼雷发射管5具，前方4具、后方1具

舰长古根伯格（1915年3月6日-1988年5月13日）生平：

出生地：慕尼黑

战绩：

击沉敌船14艘，共计：41 025注册吨位

击沉辅助军舰1艘，共计：1150注册吨位

击沉军舰1艘，共计：22 600注册吨位

击伤敌运输船 1 艘，共计：6003 注册吨位

古根伯格在经过普通训练后于 1939 年 10 月开始了他的 U 型潜艇生涯。他所在的第一艘 U 型潜艇是 U-28。在 1940 年秋，古根伯格接管了 U-28。

1941 年 4 月，古根伯格成了 U-81 潜艇指挥官。在大西洋的三次作战巡逻中，他指挥的 U-81 潜艇击沉两艘敌船。因为击沉了"皇家方舟"号航空母舰，古根伯格获得了骑士铁十字勋章。在地中海成功地完成了六次作战巡逻后，弗里德里希·古根伯格在 1943 年离开了 U-81 潜艇，在此后的三个月中他成了邓尼茨的一名参谋。

1943 年 5 月，弗里德里希·古根伯格担任 U-513 潜艇指挥官。

德国骑士铁十字勋章

但是 U-513 潜艇在 1943 年 7 月的首次作战巡逻中在巴西水域被美国飞机攻击而沉没。古根伯格本人也受重伤，与另外的六名幸存者一起，在被美军巡洋舰的船员救起之前，他们已经坐在救生艇里在海上漂泊了一天。在经过一次手术和长时间的疗养后他于 1943 年被送入战俘营。在 1944 年 1 月的下旬，他被关入了离美国亚利桑那州州府凤凰城不远的另一个战俘营。

1944 年 2 月 12 日，古根伯格和其他的四位 U 型潜艇指挥官一起从战俘营逃跑，但是很不幸的是，他和他的伙伴被抓回了位于亚利桑那州图森城的战俘营。在 1944 年的 12 月 23 日和 24 日的晚上，古根伯格和其他的 24 名战俘一起逃出了战俘营，这次比上次更不幸，1945 年的 1 月 6 日，在距墨西哥边境 10 公里的地方，他和他的同伴又被抓了回去。1946 年 2 月，古根伯格被送入位于纽约萨克斯城的战俘营。1946 年 8 月，他被盟军释放。

战争结束后，古根伯格成了一名设计师，因为设计出了多用途登陆艇，使他的名字到现在仍被世人知晓。1956 年他又重新加入了德国海军。在美国新港海军军事学院毕业后，古根伯格以海军准将的身份就任北约组织（NATO）参谋机构的副主席，在这个位置上工作了四年后于 1972 年退役。

1988 年 5 月 13 日，古根伯格去森林旅行，就再也没有回来，他的尸体直到两年后才被发现。

危机四伏的大洋

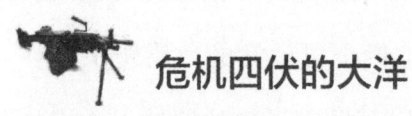

击沉"皇家方舟"号航空母舰之后,德国U型潜艇在地中海一时声名鹊起,接着又有几件事情让盟军心寒:1941年1月25日,U-331潜艇击沉"巴勒姆"号战列舰;12月14日,U-557潜艇又击沉"活雕像"号轻巡洋舰。

在这一时期,英国战舰不只是遭到德国潜艇的袭击,而且还受到其他威胁。12月18日夜晚,六名意大利蛙人表现了惊人的技艺,

意大利蛙人

他们从"西雷"号潜艇出发，分乘三条速度缓慢的双人载人鱼雷，神不知鬼不觉地潜入亚历山大港，他们把可拆卸的鱼雷雷头贴在"勇敢"号战列舰及"伊丽莎白女王"号航空母舰的船体上，爆炸后这两艘军舰遭到了严重的破坏，以致有好几个月不能参加战斗。

这次神奇的"凯旋车"式鱼雷的袭击，加上德国潜艇袭击的成功，一度曾使英国地中海舰队黯然失色。

但是，这些成功并没有减轻同盟国施加给轴心国通向北非的供应线的压力。地中海的战斗是具有决定意义的，如果希特勒偶尔忽视这一事实，隆美尔和墨索里尼就会竭力促使他注意。1941年12月底，希特勒命令第11航空兵团进驻西西里岛，并开始对马耳他岛进行连续不断地轰炸。

1942年春，同盟国的处境比一年前更糟。马耳他岛几乎被德国空军彻底摧毁（仅4月就有200次空袭），此外，那些没有被歼灭掉的水面舰艇也都撤走了。潜艇基地一直维持到5月，处境极其危险，更谈不上对敌人开往利比亚的护航船队进行阻击了。

马耳他岛的处境很危急，潜艇只好当供应舰来使用。6月末，德国"U-372"潜艇用鱼雷击沉了英国的"中途"号潜艇供应舰，这就使事情变得更加糟糕。因此，同盟国所剩无几的潜艇也瘫痪了。

正当马耳他岛处于瘫痪状态以及隆美尔已扫清了他前进道路的障碍的紧要关头，德国人犯了一个重大错误。他们以为已稳操胜券，把大部分空中打击力量调遣到苏联战场上去了。

第五章 悲歌——"皇家方舟"号沉没

盟军布设水雷

同盟国抓住时机,在马耳他岛重建了一支强大的空军,虽然在这个岛上,饥饿的威胁依然存在,但危机已经过去了。7月底,英军已恢复了战斗力。这时,开往利比亚的轴心国运输船队再次遭到可怕的袭击。

当隆美尔的装甲军团与蒙哥马利的第八集团军在艾莱门决一死战时,隆美尔面临着"跛足而行"的困难。在大战开始的10月份,他只领到不足一半的汽油,这种油料的短缺是构成德国灾难的主要因素。当隆美尔的溃军在胜利的第八集团军打击下向西逃窜时,同盟国军队开始在北非登陆。用丘吉尔的话来说,这是"开始阶段的结束"。

1942年11月,希特勒又下令向地中海增派潜艇,并向直布罗陀海峡附近海域派遣30艘潜艇,卡尔·邓尼茨立即表示强烈反对,在他的坚持下,只向地中海增派了4艘潜艇,在直布罗陀海峡则只部署了12艘潜艇。而将准备调到该地区的潜艇全部调到大西洋中部的亚速尔群岛海域。

12月13日,眼看北非战局已无挽回可能,德军统帅部才下令终止潜艇进入地中海作战。

至1942年年底,进入地中海的德军潜艇总共击沉432艘运输船,共2172万吨。

进入地中海的德军潜艇全部都是刚下水的新艇,装备精良,配备了最先进的鱼雷,但由于地形不利,除了少数几次较有影响的战绩外，几乎没有什么大的作为，反而削弱了德军在大西洋主战场上的潜艇力量。

德国海军投入地中海和直布罗陀海峡以西海域的潜艇最多时达40-50艘，几乎相当于德军投入大西洋潜艇的一半，尽管在一定程度上支援了北非战场，也牵制了英军部分护航力量，但北非战场毕竟不过是欧洲战场的分支，投入过多的潜艇反而影响了直接关系战争命运的大西洋破交作战，这就显得有些本末倒置了。

可以设想，如果这部分潜艇全数投入大西洋，必将给英军的大西洋航线带来巨大威胁和沉重打击。而在地中海战区，以航空兵和鱼雷艇等轻型舰艇实施协同作战也就足够了，这样对于全局而言效果可能更佳。

地中海海战，德国潜艇参战时间不过一年半，英国以地中海舰队为主，在大西洋方面舰队和美国海空军的支援下，挫败了德意的战略企图，不但保证了北非战场的胜利，还有力配合了大西洋海战。

最后谈谈再建的"皇家方舟"号航空母舰。

由于第二次世界大战中的航空母舰舰载机数量不足，英国海军决定建造四艘载机量增加一倍的扩大改良型航空母舰"大胆"级。然而，随着战争的结束，该级舰有两艘被取消，剩下的两艘也是进展缓慢。首舰从1942年10月开工，到1951年9月才告完成，为纪念1942年在地中海被德国潜艇击沉的"鹰"号航空母舰，该舰继承了这艘舰名，因此，该级航空母舰也被重新定位为"鹰"级。而2号舰则继承了1941年战沉的"皇家方舟"号航空母舰的舰名。

"皇家方舟"号航空母舰于1943年5月在坎默·莱德造船厂开工，1950年下水，直到1955年2月才告竣工，工期长达12年。不过，"皇家方舟"号航空母舰在建成时就已经拥有了蒸汽弹射器和斜角飞行甲板，正是由于这个设计上的改动，导致了该舰工期漫长。

"皇家方舟"号航空母舰在服役期间共进行过四次改装，其中，1967-1970年的第四次改装规模最大。改装后的"皇家方舟"号航空母舰满载排水量达到了53 435吨，全长257.6米，飞行甲板宽50.6米，吃水10.9米，最高航速31.5节。大改装后，"皇家方舟"号航空母舰搭载的舰载机为：892中队12架"鬼怪FG.1"战斗机、809中队14架"掠夺者S.1"攻击机、849中队B分队4架"塘鹅AEW.3"预警机、824中队6架"海王HAS.2"反潜直升机、SAR小队2架"威赛克斯HAS.1"直升机。

随着英国政府决定不再维持常规起降舰载机部队，"皇家方舟"号航空母舰也难逃被裁撤的厄运，于1978年底黯然退役。此后，虽然在英国民众中曾发起过永久保存"皇家方舟"号航空母舰的运动，但工党政府坚持将其拆毁，英国的大型航空母舰时代至此告一段落。

第五章 悲歌——"皇家方舟"号沉没

1950年,新建的"皇家方舟"号航空母舰下水

★二战中被德国潜艇击沉的英国航空母舰

1. "勇敢"号,这是一艘由第一次世界大战的老船改装的轻型航空母舰,1939年9月17日在英国西南方被德国"U-29"潜艇发射两枚鱼雷击中,15分钟之内沉没。

2. "皇家方舟"号,1941年11月13日在直布罗陀海峡,被德国"U-81"潜艇击沉。

3. "大胆"号,排水量1万吨,此舰由俘虏的德国邮船改装。1941年12月20日,护航至直布罗陀海峡时,遭遇德国"U-751"潜艇,被鱼雷击沉。

4. "鹰"号,1942年8月11日,在支援地中海马耳他岛作战时,被德国"U-73"潜艇4枚鱼雷击中,5分钟之内沉没。

5. "复仇"号,这是一艘根据"租借法案"借用美国的护航航空母舰,1942年12月15日,在直布罗陀海峡,被德国"U-155"潜艇发现并击沉。